高等院校应用型"十三五"规划教材

基础会计理论与实务

许义生　步瑞／主编

蒋宏桥　杜方／参编

U0781182

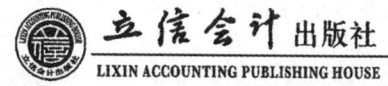

立信会计 出版社

LIXIN ACCOUNTING PUBLISHING HOUSE

图书在版编目(CIP)数据

基础会计理论与实务/许义生,步瑞主编. —上海:
立信会计出版社,2017.5
ISBN 978 - 7 - 5429 - 5436 - 7

Ⅰ. ①基… Ⅱ. ①许… ②步… Ⅲ. ①会计学
Ⅳ. ①F230

中国版本图书馆 CIP 数据核字(2017)第 101836 号

策划编辑　　陈　昕
责任编辑　　陈　昕

基础会计理论与实务
Jichu Kuaiji Lilun yu Shiwu

出版发行	立信会计出版社			
地　　址	上海市中山西路 2230 号	邮政编码	200235	
电　　话	(021)64411389	传　　真	(021)64411325	
网　　址	www. lixinaph. com	电子邮箱	lxaph@sh163. net	
网上书店	www. shlx. net	电　　话	(021)64411071	
经　　销	各地新华书店			
印　　刷	常熟市梅李印刷有限公司			
开　　本	787 毫米×1 092 毫米	1/16		
印　　张	14.25			
字　　数	331 千字			
版　　次	2017 年 5 月第 1 版			
印　　次	2017 年 5 月第 1 次			
印　　数	1—3 100			
书　　号	ISBN 978 - 7 - 5429 - 5436 - 7/F			
定　　价	29.00 元			

如有印订差错,请与本社联系调换

　　为了满足应用型、创新型会计人才的培养需要,经过不断探究,我们组织编写了这部《基础会计理论与实务》教材。

　　本教材由九个专题构成:专题一为企业经营活动、资金运动与会计核算内容;专题二为会计核算的前提条件与一般原则;专题三为手工会计核算的一般程序与记账方法;专题四为企业基本业务的会计处理;专题五为会计凭证;专题六为会计账簿;专题七为财产清查;专题八为财务报告;专题九为手工会计模拟。本教材不同于一般的会计学原理或基础会计教材,具有以下特点:

1. 教材结构更为科学合理

　　一般会计学原理教材是按照会计凭证、会计账簿、会计报表、会计核算形式的顺序安排教材内容的,这是从事物局部到事物整体的展示方法,是不符合人们的认知规律的。本教材是按照会计核算一般程序、会计凭证、会计账簿、会计报表、会计核算形式的顺序安排教材内容的,是从简单的事物整体,到事物的局部,再到复杂、特殊的事物整体的展示方法,是符合人们的认知规律的,便于对事物的理解和把握。

2. 教材内容更加符合实际

　　随着现代信息技术在会计实务上的运用,原手工会计阶段的某些会计理论与会计实务已被淘汰,但这些陈旧过时的内容仍被许多教材保留着,如单式记账凭证、汇总记账凭证、汇总记账凭证核算形式、多栏式日记账核算形式等有关理论与实务。这些陈旧过时的内容,既对读者的学习产生误导,又浪费了读者的宝贵时间。本教材将这些部分以补充资料的形式加以反映,并明确指出这些会计处理方式或方法已被会计的发展所淘汰,读者需要了解时可以阅读,但不作为教学、学习的必要内容。

3. 理论与实践密切结合

　　为了培养学生的应用能力,本教材采用专题的表达形式,九个专题中除手工会计模拟专题外,其他八个专题的主体部分均由"知识要素"和"实践项目"两个部分组成,做到了理论与实践的密切结合和高度契合。此外,本教材还单独安排了手工会计模拟专题,通过手工会计模拟,学生不仅可以全面、系统地理解各种会计方法及相互关系,还为后续的会计信息系统"黑箱"的学习奠定了认知基础。

4. 注重学生职业判断力等思维能力的培养

每个专题的"实践项目"中除安排基本技能、基本方法的训练外,还配有"会计职业判断力训练"、"专业思维能力训练"、"专业分析能力训练"等内容,有利于学生的职业判断力和一般思维能力的培养。

本教材由许义生总体构思并总纂,由广东白云学院财经学院会计系的教师编写,各专题编写分工为:专题一和专题七由蒋宏桥编写;专题二和专题八由杜方编写;专题三和专题六由步瑞编写;专题四、专题五和专题九由许义生编写。

由于编者水平所限,书中难免有不妥或错误之处,恳请各位读者斧正。

编　者

Contents  目录

专题一

企业经营活动、资金运动与会计核算内容

学习目标

1. 了解企业经营活动的基本内容。
2. 了解生产企业资金运动的过程。
3. 掌握会计要素的定义、特征及分类。
4. 理解会计等式的含义。

1 企业经营活动

1.1 知识要素

企业经营活动是指企业经营者为了获得最大的经济利益而运用经济权力,用最少的物质消耗创造出尽可能多的能够满足人们各种需要的产品及服务的经济活动。制造业企业的经营活动一般包括供应活动、生产活动、销售活动和财务活动。

1.1.1 制造业企业的经营活动

1.1.1.1 供应活动

供应活动是指为进行日常生产活动获取所需经济资源的过程,其主要内容是采购生产产品所需的原材料,就资金运动形态而言,表现为资金运用。

1.1.1.2 生产活动

生产活动是制造业企业经营活动的核心,即由生产工人利用机器设备对原材料进行加工和装配,生产出市场所需的各种产品,生产活动需要支付职工薪酬和其他生产费用,就资金运动而言,表现为资金支出。

1.1.1.3 销售活动

销售活动是企业再生产过程的最后一个阶段。通过销售活动,企业将在生产过程中完成的产品销售出去并收回货币,以补偿生产产品的资金耗费,保证企业再生产进行的资金需要。如果企业生产出来的产品销售不出去,那么企业的成品资金就不能顺利地转化为货币资金,通过生产活动增值的价值就得不到实现。

1.1.1.4 财务活动

财务活动是企业经营活动中至关重要的内容,没有财务活动,企业的生产活动、供应活动、销售或营销活动、人力资源开发活动以及其他各项经营活动就没有运转的"血液",企业的各项经营活动也就无法展开,如果财务活动开展得不好,也将严重影响企业的生产活动、供应活动、销售活动、人力资源开发活动及其他各项经营活动的正常开展,使企业经营的效率大大降低。

1.1.2 流通企业的经营活动

流通企业的主要经营活动,概括地说就是商品流转。商品流转是指产品通过买卖方式,从生产领域进入消费领域的转移过程。它包括商品购进和商品销售两个阶段。产品进入消费领域,通常要经过批发和零售两个环节。商品在批发环节的流转活动,称为批发商品流转;商品在零售环节的流转活动,称为零售商品流转。批发商品流转是整个商品流转的起点和中间环节,零售商品流转是流转的终点。同制造业企业一样,流通企业的经营活动同样包括财务活动。

1.2　实践项目

1.2.1　专业理解力训练

 **题目 1.1**

有人说财务活动是企业生产经营活动的一个阶段,也有人说财务活动与供、产、销生产经营活动并存。你是如何理解的?

1.2.2　项目要求

谈谈你的看法,并说明理由。

1.2.3　参考答案

在商品经济社会,离开了资金运动、离开了货币的收支活动就不可能有供、产、销活动。也就是说,企业的供、产、销活动引起了企业的这项运动。所以说,上述的第一种说法是有问题的,第二种说法是正确的。

2　企业资金运动

2.1　知识要素

2.1.1　资金及资金运动

资金是指企业经营过程中价值的货币表现,是用于创造新价值,增加剩余价值的价值。企业资金总是处于不断的运动之中。资金运动从货币资金开始,经过若干阶段,又回到货币资金形态的运动过程,叫作资金的循环。企业资金周而复始不断重复的循环,叫资金的周转。在正常情况下,企业的资金始终处于不断的循环和周转状态中。

资金运动有两种表现形式,即静态表现形式和动态表现形式。资金在运动过程中具有并存性、继起性与增值性等特点。资金运动的并存性是指资金在循环周转中,几种占用形态并存;继起性是指资金在循环周转中顺序地从一种形态转化为另一种形态,资金并存是继起的条件,继起运动的结果又形成并存。资金运动补偿性是指资金在循环周转中消耗的数额必须在经营收入中获得补偿;增值性是指所获得的经营收入,除补偿耗费的资金数额外,还有剩余。

生产企业的运动如图 1-1 所示。

2.1.2　资金的筹集

企业成立或成立后需要扩大规模或为解决临时的资金需要,需通过筹资活动从企业外部取得一定的资金。资金来源主要有两个:一是企业所有者投资,表现为所有者权益的增加;二是从银行以及其他金融机构借入,表现为企业负债的增加。

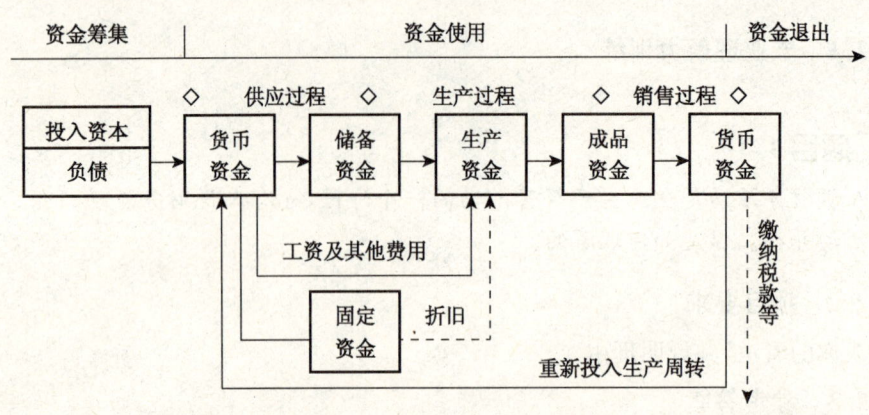

图 1-1　生产企业资金运动图

2.1.3　资金的使用

资金筹集后,伴随着企业生产经营过程的进行,企业的资金便处于持续不断的运动之中。制造企业的生产经营过程可以分为供应、生产和销售三个主要阶段。在供应阶段,企业购买原材料等劳动对象,资金的形态由货币资金转化为储备资金,并与供货单位发生结算关系。同时,为了形成劳动产品,也会发生购置厂房和机器设备等活动,会使一部分货币资金转化为固定资金。在生产阶段中,将购进的各种材料投入生产,劳动者借助于劳动手段对劳动对象进行加工,生产出产品,发生材料的消耗、固定资产的折旧、支付生产工人的薪酬等。在此阶段中,资金的形态由储备资金和一部分的货币资金及固定资金转化为生产资金。生产完毕,生产资金再转化为成品资金。在销售阶段中,企业将生产出来的产品销售出去,实现商品的价值,在此阶段中,资金的形态由成品资金转化为货币资金。经过上述三个阶段,资金从货币资金开始,依次顺序转化为储备资金、生产资金和成品资金,又回到货币资金形态。

2.1.4　资金的退出

投入企业的资金,在一个经营过程结束后,会有一部分资金退出企业的循环和周转。例如,按照法定程序向投资者支付投资报酬、偿还各项债务及向国家交纳税费等。

2.1.5　资金运动与会计对象的关系

对企业而言,会计对象就是指企业经营过程中资金运动。资金是指企业所拥有或控制的财产物资的货币表现。如前所述,随着企业经营活动的进行,这些资金相应地会发生形态、数额与财务关系的变化。如企业购买材料、支付货款时,企业的材料增加了,银行存款减少了,企业的资金发生了形态的变化。比如,企业偿还债务时,企业的银行存款减少,企业的负债也减少,即企业的资金减少了,同时又引起了企业财务关系的变化。企业的经营活动所引起的资金形态、数额和财务关系的变化,就是会计核算和监督的内容,就是会计的对象。

2.2　实践项目

2.2.1　专业理解力训练

题目1.2

王雨是刚刚学习专业课的会计学专业的学生。一天他到一个食杂店去买东西,面对小店里的油、盐、酱、醋,瓶瓶罐罐,他该怎么理解这个小店的经营活动和资金运动呢? 你也是一个刚刚接触会计知识的学生,你能给出一个答案吗?

2.2.2　项目要求

针对这个食杂店,说说它的经营活动与资金运动过程。

2.2.3　参考答案

该食杂店的经营活动主要包括商品的购进和商品的销售两个阶段。其资金运动主要是按照"货币→商品→货币"的方式不断依次进行。

3　会计核算的内容

3.1　知识要素

3.1.1　会计要素

会计要素是对会计对象的具体化,是对会计核算对象的基本分类,是反映会计主体财务状况和经营成果的基本要素,是对会计对象进行分解归类,使之形成独立范畴,并用会计的术语加以描述的具体内容。我国现行《企业会计准则——基本准则》规定:"企业应当按照交易或事项的经济特征确定会计要素。会计要素包括资产、负债、所有者权益、收入、费用和利润。"其中,资产、负债和所有者权益是反映企业某一特定日期财务状况的会计要素;收入、费用和利润是反映企业一定时期经营成果的会计要素。

3.1.1.1　反映财务状况的会计要素

a. 资产

(a) 资产的定义和特征

资产是指企业过去的交易或事项形成的、由企业拥有或者控制的、预期会给企业带来经济利益的资源。

资产可以具有实物形态,如房屋和建筑物、机器设备、库存商品、原材料等,也可以不具有实物形态,如以债权形式存在的应收款项,有助于企业生产经营活动的商标权、专利权等无形资产。根据资产的定义,该要素具有如下特征:

第一,资产是由企业过去的交易或事项所形成的。也就是说,资产必须是现实的资产,而不是预期的资产,是由过去已经发生的交易或事项所产生的结果。企业过去的交易或者事项包括购买、生产和建造等行为以及其他交易或事项。至于未来或者即将发生的而尚未发生的交易或事项不能形成企业的资产,不得作为资产确认。

第二,资产应为企业拥有或控制的资源。资产是企业进行生产经营活动的资源。对资源的拥有是指企业享有某项资源的所有权;对资源的控制是指企业对某些资源虽然不享有所有权,但该资源能为企业所控制。例如,企业融资租入的资产,企业在未付清租金前其所有权并不属于企业而属于出租人,这部分资源就属于为企业所控制的经济资源。

第三,资产预期会给企业带来经济利益。资产预期会给企业带来经济利益是指资产具有可以在未来直接或间接导致现金或现金等价物流入企业的潜力。预期会给企业带来经济利益是资产的本质特征。如果某些项目预期不能给企业带来经济利益,即不再具有为企业带来现金或现金等价物流入企业的潜力,就不能确认为企业的资产。

（b）资产的分类和内容

资产按其流动性可分为流动资产和非流动资产两类。

流动资产是指企业可以在1年或者超过1年的一个营业周期内变现或耗用的资产。《企业会计准则第30号——财务报表列报》规定,满足下列条件之一的资产,应当归类为流动资产:①预计在一个正常营业周期中变现、出售或耗用;②主要为交易目的而持有;③预计在资产负债表日起1年内(含1年,下同)变现;④自资产负债表日起1年内,交换其他资产或清偿负债的能力不受限制的现金或现金等价物。企业的流动资产一般包括库存现金、银行存款、应收账款、预付账款、原材料和库存商品等。

库存现金是指存放在企业准备随时支付各种支出的现款,主要用于企业日常经营活动中所发生的小额零星支出,如支付因公出差职工的借款、支付小额的办公费用支出等。

银行存款是指企业存放在开户银行的款项,主要用于企业日常经营活动中所发生的大额支出,如购买材料、购买设备和支付职工薪酬等。

交易性金融资产是指企业以近期出售为目的而持有的金融资产。例如,企业以交易为目的购入的准备根据市场行情的变化随时出售的股票、债券等。交易性金融资产是企业为获得收益而在对外投资过程中所形成的资产,企业持有交易性金融资产的时间往往不超过一个会计年度。投资是企业为获得收益或实现资本增值而向被投资企业投放资金的经济行为,购入及出售交易性金融资产是企业的一种短期投资行为。

应收票据是指企业由于销售产品或提供劳务而收到的商业汇票,包括银行承兑汇票和商业承兑汇票。

应收账款是指企业由于赊销产品或提供劳务等经营活动应向购买方或劳务接受方收取而暂未收到的款项。

其他应收款是指企业在日常生产经营过程中产生的应收票据和应收账款以外的其他应收款项。

预付账款是指企业由于购买销售方的产品、接受服务方提供的劳务等,按照合同规定预先支付给对方的款项。

原材料是指企业库存的各种材料,包括原料及主要材料、辅助材料等。

库存商品是指企业库存的各种商品,包括产成品、外购商品、存放在门市部准备出售的商品、发出展览的商品以及寄存在外的商品等。

非流动资产是指企业不能在1年或者超过1年的一个营业周期内变现或耗用的资产，包括长期股权投资、固定资产、无形资产和长期待摊费用等。

长期股权投资是指企业在对外投资过程中，以获取对被投资方的控制权，或对被投资方具有重大影响为目的而进行的权益性投资。企业持有长期股权投资的时间往往超过一个会计年度，它是企业的一种长期投资行为。

固定资产是指企业所拥有的同时具有下列特征的有形资产：第一，为生产商品、提供劳务、出租或经营管理而持有；第二，使用寿命超过一个会计年度，单位价值较高。如企业在生产经营过程中使用的房屋及建筑物、机器设备等资产。

无形资产是指企业在生产经营过程中拥有或控制的没有实物形态的可辨认非货币性资产，主要包括专利权、非专利技术、商标权和土地使用权等。

长期待摊费用是指企业已经发生但应由本期和以后各期负担的分摊期限在1年以上的各项支出。如新建企业在筹建期间所发生的各种管理性质的支出，以经营租赁方式租入的固定资产发生的改良支出等。

b. 负债

（a）负债的定义和特征

负债是指企业过去的交易或者事项形成的、预期会导致经济利益流出企业的现时义务。负债反映的是企业债权人对企业资产的索取权，因此也称为债权人权益。根据负债的定义，该要素具有如下特征：

第一，负债是企业过去的交易或事项所形成的。企业过去的交易或事项一般是以前会计期间发生的，只有过去的交易或事项所形成企业的现时义务才能确认为企业的负债。企业为未来发生的交易或事项所编制的支付计划、签订的交易合同等，由于交易或事项并未实际发生，因此不能确认为企业的负债。

第二，负债是企业应当承担的现时义务。负债是企业必须承担的现时义务，这是负债的一个基本特征。现时义务是指企业在现行条件下已承担的义务。未来发生的交易或事项形成的义务不属于现时义务，不应确认为企业的负债。

第三，负债预期会导致经济利益流出企业。预期会导致经济利益流出企业是负债的本质特征。只有在履行义务时会导致经济利益流出企业的，才符合负债的定义。在改造现时义务清偿负债时，可采用多种形式，如用现金或实物资产偿还，以提供劳务偿还等。不管偿还方式如何，最终都会导致经济利益流出企业。

（b）负债的分类和内容

企业的负债按流动性不同，可分为流动负债和非流动负债两类。

流动负债是指企业将在1年（含1年）或者超过1年的一个营业周期内偿还的债务。根据《企业会计准则第30号——财务报表列报》规定，满足下列条件之一的负债，应当归类为流动负债：①预计在一个正常营业周期中清偿；②主要为交易目的而持有；③自资产负债表日起1年内到期应予以清偿；④企业无权自主地将清偿推迟至资产负债表日后1年以上。流动负债通常包括短期借款、交易性金融负债、应付票据、应付账款、应付职工薪酬、预收账款、应交税费、应付利息、应付股利等。

短期借款是指企业为维持正常生产经营周转需要而向银行或其他金融机构借入的偿还期在1年以内的各种借款。企业借入短期借款的目的主要是满足临时性支出需要。

应付票据是指企业由于购买材料、商品和接受劳务等开出并承兑的交由销售方持有的商业汇票。

应付账款是指企业因购买材料、商品或接受劳务供应等活动而发生的应向销售方支付但暂未支付的款项。

应付职工薪酬是指企业根据有关规定应付给职工的各种薪酬,包括职工工资、资金、津贴和补贴,职工福利费、医疗、养老、失业、工伤、生育等社会保险费,住房公积金,工会经费,职工教育经费,非货币性福利等因职工提供服务而产生的义务。

应交税费是指根据规定应缴纳的各种税费,包括增值税、消费税、城市维护建设税、资源税、所得税、房产税、车船税等。

应付股利是指股份公司应付股东的现金股利(非股份企业应为应付利润)。

非流动负债是指企业将在超过1年或者超过1年的一个营业周期偿还的债务。它包括长期借款、应付债券、长期应付款等。

长期借款是指企业从银行或其他金融机构借入的期限在1年以上(不含1年)的各种借款。企业借入长期借款的目的主要是进行建设期比较长的工程项目建设。

应付债券是指企业为筹集长期资金,发行企业债券而发生的债券本金和利息,对债券购买者产生的负债。企业发生债券后,除应按规定的债券利率向债券持有者支付利息外,还应在既定的债券发行期满后将债券本金归还给债券的持有者。企业在债券发行期间所占用的资金应视为对债券购买者的负债。

长期应付款是指企业除长期借款和应付债券以外的其他长期应付款项,如企业融资租入固定资产时产生的长期应付款等。

预计负债是指企业确认的对外提供担保、未决诉讼、产品质量保证等产生的预计负债。

c. 所有者权益

(a) 所有者权益的定义和特征

所有者权益是指企业资产扣除负债后,由所有者享有的剩余权益。在股份公司类企业,所有者权益称为股东权益。所有者权益相对于负债而言,具有以下基本特征:

第一,所有者权益作为一种权益资本,一般不需要偿还,除非发生减资、清算。

第二,企业清算时,负债拥有优先清偿权。只有在清偿所有负债后,剩余财产才返还给投资者。

第三,投资人能够参与企业的经营决策及利润的分配,而债权人只能按约定的条件获取利息,不能参与企业的利润分配。

(b) 所有者权益的组成内容

企业的所有者权益包括实收资本(或股本)、资本公积、盈余公积和未分配利润,以及直接计入所有者权益的利得和损失。其中,实收资本和资本公积统称为投入资本;盈余公积和未分配利润统称为留存收益。

实收资本是指所有者投入的构成企业注册资本(或股本)部分的投资额。

资本公积是指所有者投入的超过注册资本(或股本)部分的投资额,即资本(或股本)溢价。这部分投入资本可按规定的程序转增资本金。

盈余公积是指企业从实现的净利润中提取并留存于企业的利润,包括法定盈余公积和任意盈余公积。盈余公积可按规定的程序转增资本金,或用于弥补亏损。

未分配利润是指企业已经实现但尚未分配而留待以后年度分配的利润。

直接计入所有者权益的利得和损失,是指不应计入当期损益、会导致所有者权益发生增减变动的、与所有者投资资本或向所有者分配利润无关的利得或者损失。

3.1.1.2　反映经营成果的会计要素

a. 收入

(a) 收入的定义和特征

收入是指企业日常活动中形成的、会导致所有者权益增加、与所有者投入资本无关的经济利益的总流入。根据收入的定义,该要素具有如下特征:

第一,收入是企业日常活动中形成的。日常活动是指企业为完成其经营目标所从事的经常性活动及与之相关的主要活动。例如,产品生产企业从事产品的生产和销售,商品流通企业从事商品的销售,安装公司提供安装服务,租赁公司出租资产等,均属于企业的日常活动。明确界定企业的日常活动,目的是将收入与企业在非日常活动中产生的利得区分开来。企业日常活动产生的经济利益的流入应当确认为收入。而偶发的一些事项,如企业出售固定资产等所带来的经济利益的流入称为利得,也称为营业外收入。

第二,收入会导致所有者权益的增加。一般而言,企业收入的增加会导致利润增加,而利润是属于所有者的。在费用一定的情况下,收入越多,实现的利润也就越多,同时也意味着企业的所有者权益增加。因而可以说,收入会导致企业所有者权益的增加。收入的这一特征表明,只有那些会导致所有者权益增加的经济利益流入才能确认为收入,不会导致所有者权益增加的经济利益流入,则不应确认为收入。如企业借款,导致了企业经济利益的流入,但该经济利益的流入不仅不会导致企业所有者权益增加,反而使企业承担了一项现时义务。这种经济利益的流入就不应确认为收入,而应确认为负债。需要说明的是,收入只包括本企业的经济利益的流入,不包括为第三方或客户代收的款项,如企业为国家代收代缴的增值税等。

第三,收入是与所有者权益投入资本无关的经济利益的总流入。收入的发生会导致经济利益的流入,从而使企业资产增加。如果是投入资本而引起的经济利益的流入,不应确认为收入,而应当确认为所有者权益的组成部分。

(b) 收入的组成内容

收入的组成内容有狭义和广义之分。狭义的收入为收入定义所界定的企业日常经营活动带来的经济利益的流入,主要包括企业的主营业务收入、其他业务收入和投资收益。其中,主营业务收入和其他业务收入统称为营业收入。广义的收入除以上内容,还包括企业日常经营活动之外所产生的经济利益的流入,在会计上称为利得,亦称营业外收入。

主营业务收入是指企业从事销售商品、提供劳务等日常活动所获取的收入。主营业务收入在企业的收入中所占比重较大,是企业主要的经济利益的流入。

其他业务收入是指企业除主营业务以外的其他日常活动所获取的收入,如企业销售原来购入准备自用的材料、出租产品的包装物、出租闲置固定资产等所获得的收入。其他业务收入一般金额较少,在企业的收入中所占的比重较小。

投资收益是指企业用其资金对外投资等所带来的经济利益的流入,属于让渡资金使用权而给企业带来的经济利益流入,如从被投资企业分得的股利或利润等。

营业外收入通常是企业从偶发的交易或事项中获得的经济利益的流入,与企业的日常经营活动无关,如企业在财产清查中发现的未能查明原因的流动资产盘盈、在处置固定资产和无形资产中产生的净收益,以及罚款收入等。

b. 费用

(a) 费用的定义和特征

费用是指企业在日常活动中发生的、会导致所有者权益减少的,与向所有者分配利润无关的经济利益的总流出。根据费用的定义,该要素具有如下特征:

第一,费用是企业在日常活动中形成的。日常活动产生的费用通常包括主营业务成本、其他业务成本、投资损失和其他费用等。将费用明确界定为企业的日常活动形成的,目的是将费用与企业在非日常活动中形成的损失区分开来。企业日常活动中产生的经济利益的流出可确认为费用。偶发的一些事项所带来的经济利益的流出称为损失,也称为营业外支出。

第二,费用会导致所有者权益的减少。费用的本质特征是其会导致所有者权益减少。一般而言,费用的增加会导致利润的减少,而利润是归属于所有者的,利润的减少则会导致所有者权益的减小。费用的这一特征表明,只有那些会导致所有者权益减少的经济利益的流出才能确认为费用,不会导致所有者权益减少的经济利益的流出不应确认为费用。例如,偿还银行借款,尽管也导致了企业经济利益的流出,但该经济利益的流出只是导致企业负债的减少,而不会导致企业所有者权益的减少,因此不应确认为企业的费用。

第三,费用与向所有者分配利润无关的经济利益的总流出。企业向所有者分配股利或利润,是企业将其实现的经营成果分配给投资者的一种分配活动,虽然在分配利润的某些情况下(如分配现金股利),会导致经济利益流出企业,但该经济利益的流出减少的是企业的利润,而不是增加企业的费用,因而不应将其确认费用。

(b) 费用的组成内容

费用的组成内容有狭义和广义之分。狭义的费用为费用定义所界定的企业日常经营活动所形成的经济利益的流出,主要包括企业的主营业务成本、其他业务成本、税金及附加、投资损失、销售费用、管理费用、财务费用,以及所得税费用等。其中,主营业务成本和其他业务成本统称为营业成本。广义的费用除以上内容外,还包括企业的日常经营活动之外产生的非经常性的经济利益的流出,在会计上称为损失,亦称营业外支出。

主营业务成本是指企业在主营业务活动中所产生的成本,属于与主营业务收入相配比的费用。例如,企业在销售产品确认主营业务收入的同时所确认的已销售产品的成本,即属于主营业务成本。

其他业务成本是指企业在开展其他业务活动中所产生的成本,属于与其他业务收入相配比的费用。例如,企业在销售原来购入准备自用的材料、出租包装物确认其他业务收入的同时所确定的已销材料成本或包装物的损耗,即为其他业务成本。其他业务成本一般在企业的费用中所占的比重较小。

税金及附加是指企业开展营业活动中根据营业收入的一定比例计算并应缴纳的各种税费,包括消费税、城市维护建设税和教育费附加等。

销售费用是指企业在销售产品过程中发生的各种费用。它包括专设销售机构人员的工资及福利费,为销售产品而发生的广告费和产品展览费等。

管理费用是指企业为组织和管理整个企业的生产经营活动所发生的各种费用。它包括企业在筹建期间发生的开办费、董事会和行政管理部门在企业经营管理中发生的或应由企业统一负担的公司经费、工会经费、董事会费、聘请中介机构费、咨询费、诉讼费、业务招待费、房产税、车船税、土地使用税、印花税、技术转让费、矿产资源补偿费、研究开发费用和排污费等。

财务费用是指企业为了筹集和使用生产经营资金而发生的各种费用。它包括利息支出、汇兑损失以及相关的手续费等。

所得税费用是指企业根据所适应的所得税税率计算确定的应交税金。

c. 利润

(a) 利润的定义

利润是指企业在一定会计期间的经营成果。它包括收入减去费用后的净额、直接计入当期利润的利得和损失。在通常情况下,如果企业获得利润,所有者权益会随之增加;反之,如果企业发生亏损,所有者权益会随之减少。因此,利润指标是企业投资者评价企业管理层业绩的一项重要指标。

(b) 利润的组成内容

利润包括收入减去费用后的净额、直接计入当期利润的利得和损失。

收入减去费用后的净额,是指企业在一定会计期间其日常活动所实现的全部收入减去该期间所发生的全部相关费用后的差额。该净额反映了企业日常经营活动的业绩。

直接计入当期利润的利得和损失,是指企业应当计入当期损益、最终会引起所有者权益发生增减变动的、与所有者投入资本或向所有者分配利润无关的利得(营业外收入)和损失(营业外支出)。

3.1.2 会计要素之间的数额关系

3.1.2.1 会计等式的含义

会计等式又称为会计恒等式、会计方程式、会计平衡公式,是表明各会计要素之间基本关系的等式。

企业的会计要素既是各自独立的,相互之间又存在着密切的关系。这种关系不仅体现在交易或事项发生时会导致相关要素之间产生此增彼减,或彼增此减,或同增同减等变化,而且体现在它们各自在一定时点或一定会计期间总体金额上的相等关系。利用数学方程式将会计要素之间数额相等的关系表达出来,就会形成各种会计等式。

3.1.2.2 会计等式的种类

会计等式是由会计要素的不同组合方式而形成的。企业的六项会计要素可分为两类:一类为反映企业财务状况的会计要素,亦称静态会计要素,是指资产、负债和所有者权益;另一类是反映企业经营成果的会计要素,亦称动态会计要素,是指收入、费用和利润。这两类会计要素可分别组合为以下两个主要的会计等式。

a. 财务状况等式

任何企业要从事生产经营活动,必须拥有一定数量的资产,这些资产以不同的形态分布在经济活动的各个方面。企业所拥有的资产来源于两个方面:一是债权人提供的资金;二是投资人的投资及其增值。因此,债权人和投资人都对企业的资产拥有要求权,会计上统称为权益。权益中属于债权人的部分称为负债;属于投资人的部分称为所有者权益。因此,资产与权益是同一资金的两个方面,一个是资产表现的形态,一个是对这些资产所拥有的权利,两者之间存在着相互依存、相互制约的关系。从数量上看,有一定数量的资产,就必然有一定数量的权益;反之,有一定数额的权益,也必然有一定数额的资产。也就是说,资产与权益在数量上必然相等。这一平衡关系可用公式表示如下:

$$资产 = 权益 = 债权人权益 + 所有者权益 = 负债 + 所有者权益$$

这是会计的基本等式,它反映了企业在某一时点的资产、负债和所有者权益的数额上恒等关系,它是复式记账和编制资产负债表的理论基础。该等式也称为静态会计等式。

b. 经营成果等式

企业从事生产经营活动的目标是获取收入,实现盈利。企业在取得收入的同时,必然发生相应的费用。将一定期间的收入与费用相比较,收入大于费用的差额为利润;反之,为亏损。故收入、费用与利润的关系可用下式表示:

$$收入 - 费用 = 利润$$

这一等式反映了企业某一时期收入、费用和利润的恒等关系,它是编制利润表的理论依据。该等式也称为动态会计等式。

c. 扩展等式

将以上两个等式合并为:

$$资产 = 负债 + 所有者权益 + 利润 = 负债 + 所有者权益 + 收入 - 费用$$

移项后:

$$资产 + 费用 = 负债 + 所有者权益 + 收入$$

3.1.3 会计科目

3.1.3.1 会计科目的概念

会计科目是对会计要素的具体内容进行分类核算的项目。会计要素的具体内容各有不同,管理要求也各有不同。为了全面、系统、分类地核算与监督各项经济业务的发生情况,以及由此而引起的各项会计要素的增减变动,就有必要对各项会计要素作更为具体的分类。会计科目就是对会计要素进一步分类而形成的项目。

会计科目反映了会计核算的具体内容,是进行各项会计记录和提供各项会计信息的基础,在会计核算中具有重要的意义。

3.1.3.2 设置会计科目的原则

会计主体必须根据《中华人民共和国会计法》(以下简称《会计法》)和国家统一会计制度的规定设置和使用会计科目。设置会计科目应遵循下列基本原则:

第一,在不影响会计核算的要求和财务报表指标的汇总,以及对外提供统一的财务报告的前提下,各单位可以根据实际情况自行增设、减少或合并某些会计科目和明细科目。

第二,会计科目的设置要保持会计指标体系的完整和统一,要在会计要素的基础上对会计对象的具体内容作进一步分类,达到全面而概括地反映单位财务活动情况的目的,便于清晰地提供会计信息,以满足国家宏观经济管理的要求和单位内部经营管理的需要,以及有关信息使用者了解本单位财务状况、经营成果和现金流量的需要。

第三,会计科目应按国家规定的会计制度统一编号,以便编制会计凭证,登记账簿,查阅账目,实行会计电算化。

第四,会计科目名称力求简明扼要,内容确切。每一个科目,原则上反映一项内容,各个科目之间不能互相混淆。各单位可以根据具体情况,在不违背会计科目使用原则的基础上,确定适合于本单位的明细会计科目名称。

3.1.3.3　会计科目的分类

会计科目按反映的经济内容分类,可以分为资产类科目、负债类科目、所有者权益类科目、损益类科目和成本类科目。

会计科目按隶属关系分类,可以分为总分类科目和明细分类科目。

总分类科目,又称为总账科目或一级科目,是对会计要素具体内容进行总括分类,提供总括信息的会计科目。

明细分类科目是对总分类科目作进一步分类,提供更详细、更具体会计信息的科目。

3.2　实践项目

3.2.1　专业判断力训练

3.2.1.1　资料

某企业的部分经济事项如表1-1中"经济内容"栏所示。

▼表1-1▼

某企业的部分经济事项

序号	经济内容	资产	负债	所有者权益	收入	费用	利润
1	库存的现金						
2	成品仓库中的完工产品						
3	企业欠银行的长期借款						
4	企业在银行的存款						
5	企业的机器设备						
6	企业未缴纳的税款						
7	企业应收回的货款						
8	材料库中的原材料						
9	企业销售产品的收入						
10	销售产品发生的广告费						
11	企业销售材料的收入						
12	企业收到的投入资本						
13	发生的办公费用						
14	年末未分配的利润						
15	本年累计实现的净利润						
16	企业的房屋和建筑物						

（续表）

序号	经济内容	资产	负债	所有者权益	收入	费用	利润
17	企业的专利技术						
18	车间内未完工的在产品						
19	应付职工的工资						
20	发生的利息费用						

3.2.1.2 项目要求 对上述经济事项所属的会计要素进行判断,并将判断的结果填入表1-2中相关会计要素栏目内。

3.2.1.3 参考答案

某企业的经济事项划分如表1-2所示。

▼表1-2▼

某企业的经济事项划分

序号	经济内容	资产	负债	所有者权益	收入	费用	利润
1	库存的现金	√					
2	成品仓库中的完工产品	√					
3	企业欠银行的长期借款		√				
4	企业存放在银行的存款	√					
5	企业的机器设备	√					
6	企业未缴纳的税款		√				
7	企业应收回的货款	√					
8	材料库中的原材料	√					
9	企业销售产品的收入				√		
10	销售产品发生的广告费					√	
11	企业销售材料的收入				√		
12	企业收到的投入资本			√			
13	发生的办公费用					√	
14	年末未分配的利润			√			
15	本年累计实现的净利润						√
16	企业的房屋和建筑物	√					
17	企业的专利技术	√					
18	车间内未完工的在产品	√					
19	应付职工的工资		√				
20	发生的利息费用					√	

3.2.2 专业技能训练

3.2.2.1 资料

某公司使用的会计科目如表1-3所示。

▼ 表 1-3 ▼

某公司使用的会计科目

1. 原材料	2. 长期借款	3. 固定资产	4. 生产成本
5. A 产品生产成本	6. 应收 F 公司货款	7. 主要材料	8. 应付 S 公司货款
9. 应收账款	10. 辅助材料	11. 甲材料	12. 乙材料
13. 基本生产成本	14. 生产用固定资产	15. 润滑油	16. 基本建设借款
17. 厂房	18. 运输工具	19. 机器设备	20. B 产品生产成本
21. 应付账款	22. 在途物资	23. 应收 G 公司款	24. 应付 H 公司货款

3.2.2.2 项目要求

指出以上会计科目哪些属于一级科目？哪些属于二级明细科目？哪些属于三级明细科目？

3.2.2.3 参考答案

一级科目如表 1-4 所示。

▼ 表 1-4 ▼

一级科目

1. 原材料	2. 长期借款	3. 固定资产	4. 生产成本	9. 应收账款	21. 应付账款	22. 在途物资

二级明细科目如表 1-5 所示。

▼ 表 1-5 ▼

二级科目

6. 应收 F 公司货款	7. 主要材料	8. 应付 S 公司货款	10. 辅助材料	13. 基本生产成本
14. 生产用固定资产	16. 基本建设借款	23. 应收 G 公司款	24. 应付 H 公司货款	

三级明细科目如表 1-6 所示。

▼ 表 1-6 ▼

三级科目

5. A 产品生产成本	11. 甲材料	12. 乙材料	15. 润滑油
17. 厂房	18. 运输工具	19. 机器设备	20. B 产品生产成本

【专题小结】

企业经营活动是指以企业为载体的物质资料经营行为,是企业经营者为了获得最大的物质利益而运用经济权力,用最少的物质消耗创造出尽可能多的能够满足人们各种需要的产品的经济活动。制造业企业的经营活动一般包括供应活动、生产活动、销售活动和财务活动。

会计对象是社会再生产过程中的资金运动,包括资金的筹集、资金的使用和资金的退出。对会计对象按一定的标准进行的基本分类,称为会计要素,我国企业会计准则将会计要素划分为六大类:资产、负债、所有者权益、收入、费用和利润。其中,资产、负债、所有者权益是反映企业某一时点财务状况的要素;收入、费用、利润是反映企业某一时期经营成果的要素。

"资产＝负债＋所有者权益"是会计恒等式,又称为静态会计等式,反映企业资金运动过程中某一时点上资产的分布和权益的构成。"收入－费用＝利润"是动态会计等式,反映企业资金运动在同一会计期间的动态表现。"资产＋费用＝负债＋所有者权益＋收入"为扩展等式。

会计科目是对会计要素的具体细分,企业通过设置会计科目,可以在账户中分门别类地核算各项会计要素具体内容的增减变化。会计科目有资产类、负债类、所有者权益类、成本类和损益类科目之分,又有总分类科目与明细分类科目之分。企业在设置本企业会计科目时应依据合法性、相关性和实用性原则来设置。

【主要概念】

1. 资金运动　2. 会计要素　3. 资产　4. 负债　5. 所有者权益　6. 收入　7. 费用　8. 利润　9. 会计科目

【思考题】

1. 试述会计要素之间的平衡关系。

2. 什么是会计科目?

3. 为什么既要设置总分类科目,又要设置明细分类科目?

【练习题】

(一) 单项选择题

1. 以下各项目属于资产的是(　　)。

    A. 存货　　　　　　B. 应付职工薪酬　　C. 短期借款　　　　D. 实收资本

2. 某企业期初资产总额100 000元,负债总额40 000元,所有者权益总额60 000元,本期取得收入30 000元,发生费用20 000元,负债总额不变,则期末资产总额为(　　)元。

    A. 130 000　　　　B. 110 000　　　　C. 80 000　　　　　D. 70 000

3. 下列业务不属于会计核算范围的是(　　)。

    A. 用银行存款购买材料　　　　　　B. 生产产品领用材料

    C. 企业自制材料入库　　　　　　　D. 与外企业签订采购合同

4. 所有者权益是企业投资者对企业净资产的所有权,在数量上等于(　　)。

    A. 全部资产减去全部所有者权益　　B. 全部资产减去全部负债

    C. 全部净资产减去全部所有者权益　D. 全部净资产减去全部负债

5. 预付账款属于会计要素中的(　　)。

    A. 资产　　　　　　B. 负债　　　　　　C. 费用　　　　　　D. 所有者权益

6. 下列各项中属于流动资产的是( )。

    A. 库存现金　　　　B. 运输设备　　　　C. 专利权　　　　D. 厂房

(二) 多项选择题

1. 下列反映财务状况要素的有( )。

    A. 资产　　　　　　　　B. 负债　　　　　　　　C. 利润

    D. 所有者权益　　　　　E. 收入

2. 工业企业期间费用包括( )。

    A. 制造费用　　　　　　B. 管理费用　　　　　　C. 预付费用

    D. 财务费用　　　　　　E. 销售费用

3. 资产确认应满足的条件有( )。

    A. 必须是能为企业提供未来经济利益的经济资源

    B. 必须是企业拥有或者控制的

    C. 必须是具有实物形态的

    D. 必须是过去的交易或事项所带来的

    E. 必须是可用货币计量的

4. 下列关于资产的特征说法正确的有( )。

    A. 为企业拥有或控制

    B. 能用货币计量其价值

    C. 必须是用来转卖的财产

    D. 必须是有形的财产物资

    E. 具有为企业带来经济利益的潜力

5. 下列项目属于所有者权益的有( )。

    A. 投入资本　　　　　　B. 资本公积金　　　　　C. 盈余公积金

    D. 未分配利润　　　　　E. 银行借款

6. 下列科目中属于债权类科目的有( )。

    A. "应收账款"　　　　　B. "销售费用"　　　　　C. "预收账款"

    D. "盈余公积"　　　　　E. "预付账款"

7. 下列等式中属于正确的会计等式有( )。

    A. 资产=权益

    B. 资产=负债+所有者权益

    C. 资产=债权人权益+所有者权益

    D. 资产+费用=负债+所有者权益+收入

    E. 资产=负债+所有者权益+利润+(收入-费用)

(三) 判断题

1. 资产是一种经济资源,具体表现为具有各种实物形态的财产。　　　　　　( )

2. 所有者权益是企业投资者对企业资产的所有权。　　　　　　　　　　　　( )

3. 所有经济业务的发生都会引起会计等式两边发生变化,但不破坏其平衡关系。

                                                   ( )

4. 收入的取得一定表现为企业资产的增加。　　　　　　　　　　　　　　　( )

5. 收入往往表现为货币资金的流入,但并非所有货币资金的流入都是收入。( )

6. 会计等式揭示了会计要素之间的联系,因而它成为设置账户,进行复式记账及编制会计报表等会计核算方法建立的理论依据。( )

7. 取得收入,会表现为资产要素和收入要素同时增加,或者是收入增加,负债减少。( )

8. 发生费用,会表现为费用要素的增加和资产要素的减少,或者是费用增加,负债增加。( )

专题二

会计核算的前提条件与一般原则

学习目标

1. 理解会计核算的前提条件。
2. 掌握会计核算的一般原则。

1 会计核算的前提条件

1.1 知识要素

会计核算的前提条件,也称会计的基本假设,是企业会计确认、计量和报告的前提,是对会计核算所处时间、空间环境等所作的合理设定。根据《企业会计准则》的规定,会计核算的前提条件包括会计主体、持续经营、会计分期和货币计量。

1.1.1 会计主体

会计主体是指会计核算工作服务的对象即其服务的特定单位或组织,或者说是指会计确认、计量和报告的空间范围。组织核算工作首先应明确为谁核算的问题,这是因为会计的各种要素(如资产、负债、收入、费用等)都是同特定的经济实体,即会计主体相联系的,一切核算工作都是站在特定会计主体立场上进行的。如果主体不明确,资产和负债就难以界定,收入和费用便无从谈起,以划清经济责任为准绳而建立的各种会计核算方法的应用便无从谈起。会计主体不同于法律主体。一般来说,法律主体一定是会计主体,但会计主体不一定是法律主体。

1.1.2 持续经营

持续经营是指在可以预见的将来,企业将会按当前的规模和状态继续经营下去,不会停业,也不会大规模削减业务。尽管市场经济条件下竞争异常激烈,停业、破产不可能完全避免,但为了划定会计核算的时间范围,同时也给日常会计处理提供一个稳定的基础,会计假定在可以预见的将来,企业将会按当前的规模和状态继续经营下去,不会停业,也不会大规模消减业务。在持续经营假设下,企业会计确认、计量和报告应当以持续经营为前提,明确这一基本假设,就意味着会计主体将按照既定用途使用资产,按照既定的合约条件清偿债务,会计人员就可以在此基础上选择会计政策和估计方法。

1.1.3 会计分期

会计分期是指将一个企业持续经营的生产经营活动期间划分为若干连续的、长短相同的期间。企业的经营活动从时间上来看是持续不断的,但会计为了确定损益和编制财务报表,定期为使用者提供信息,就必须将持续不断的经营过程划分成若干期间。会计期间一般按照日历时间划分,分为年、季、月。会计年度是基本的会计期间,我国采用的是公历年制的会计年度,即以每年的公历1月1日至12月31日作为一个会计年度,半年度、季度和月度等会计中期的起讫时间也一律以公历的起讫日期为准。

1.1.4 货币计量

货币计量是指会计主体在财务会计确认、计量和报告时以货币为计量单位,反映会计主体的财务状况、经营成果和现金流量。因为会计信息系统在反映某一主体的经营活动时，涉及影响主体的一切经济业务，只有运用货币量度单位，才能将各种不同的经济活动综合地反映或再现出来。其他计量单位虽然也要使用但是不占主导地位。由于货币这一特殊商品的价值不可避免地发生贬值或增值，进而出现通货膨胀或萎缩等现象，从而对企业的经营活动及其成果所进行的确认、计量、记录和报告产生影响，如果币值每变动一次就对会计分作出相应的调整，在实践中难以做到，因此为了保证会计核算的稳定性，有必要假设币值不变。我国境内的企业会计核算应该以人民币作为记账本位币，业务收支以人民币以外的货币为主的，也可以选定该种货币为记账本位币，但编制的财务报告应当折算为人民币反映。

1.2　实践项目

1.2.1　会计职业基本判断力训练

[看法 2.1]会计主体必然是一个法律主体，而法律主体不一定是会计主体。

[看法 2.2]企业固定资产计提折旧是以持续经营为假设前提的。

[看法 2.3]货币是会计核算中唯一的计量单位。

1.2.2　项目要求

请你对上述有关会计核算前提条件的三个看法作出判断，并说明理由。

1.2.3　判断结果及其理由

以下是作出的判断及理由阐释，供参考。

[看法 2.1]错。法律主体一定是会计主体，但会计主体不一定法律主体。法律主体是指有独立法律人格的法人单位，比如，一家股份有限公司。作为一个法人（法律主体）肯定同时也是一个独立的会计主体。但是，如果这家股份有限公司股东大会决议在外地另成立一个下属的分公司，那么这家下属分公司按照法律规定是没有法人资格的，它不是一个法律主体，它的行为所产生的法律后果都要由它所属的那家股份有限公司来承担。但是，这家分公司却可能是一个独立的会计主体，要按照《会计法》与公司章程的规定设置会计账簿并定期编制、提交财务会计报告等文件。所以，一个法律主体一定是一个会计主体，但一个会计主体却不一定是一个法律主体。

[看法 2.2]对。一般情况下，企业的固定资产可以在一个较长的时期发挥作用，如果企业会持续经营下去，就可以假定企业的固定资产会在持续进行的生产经营过程中长期发挥作用，并服务于生产经营过程，固定资产就可以根据历史成本进行记录，并采用折旧的方法，将历史成本分摊到各个会计期间或相关产品的成本中。如果企业不会持续经营下去，固定资产就不应采用历史成本进行记录并计提折旧。

[看法 2.3]错。货币计量假设是指当会计为持续经营的会计主体进行核算时，是以采用币值稳定的货币来综合计量为前提的，但是货币计量假设并不表示货币是会计核算中唯一的计量单位，在有些情况下，在采用货币计量为统一计量尺度的前提下，还会采用时间与实物计量尺度。

2 会计核算的一般原则

2.1 知识要素

会计核算的一般原则也称会计信息质量要求,它是会计工作的规范,是处理具体会计业务的基本依据,也是衡量会计信息质量的重要标准。会计核算的一般原则有八项。

2.1.1 可靠性

可靠性也称客观性或真实性,要求企业应当以实际发生的交易或者事项为依据进行确认、计量和报告,如实反映符合确认和计量要求的各项会计要素及其他相关信息,保证会计信息真实可靠、内容完整。会计信息要有用,必须以可靠为基础,如果财务报告所提供的会计信息是不可靠的,就会对信息使用者的决策产生误导甚至损失。

2.1.2 相关性

相关性是要求企业提供的会计信息应当与财务报告使用者的经济决策需要相关,有助于财务报告使用者对企业过去、现在或者未来的情况作出评价或者预测。会计信息的使用者包括投资者、债权人、政府、职工及内部管理者等。不同的使用者由于决策内容不同,需要的信息也不同,企业的会计信息正是为这些与企业相关的各种经济决策提供信息支持,因而要求与这些经济决策相关。在会计核算工作中坚持相关性原则,就要求在收集、加工、处理和提供会计信息的过程中,充分考虑会计信息使用者的信息需求。

2.1.3 可理解性

可理解性也称明晰性,要求企业提供的会计信息应当清晰明了,便于财务报告使用者理解和使用。提供会计信息的目的是供相关决策者使用,而要使决策者有效地使用会计信息,应当让其了解会计信息的内涵,弄懂会计信息的内容,这就要求对外提供的会计信息应当清晰明了、易于理解,只有这样,才能提高会计信息的有用性,实现财务报告目标,满足向信息使用者提供决策有用信息的要求。

2.1.4 可比性

可比性要求企业提供的会计信息应当可以进行比较。即为了明确企业财务状况和经营业绩的变化趋势,使用者必须能够比较企业不同时期的相关信息;为了评估不同企业相对的财务状况和经营业绩,使用者还必须能够比较不同企业的信息。具体包括下列要求:一是同一企业对于不同时期发生的相同或者相似的交易或者事项,应当采用一致的会计政策,不得随意变更;二是不同企业发生的相同或者相似的交易或者事项,应当采用规定的会计政策,确保会计信息口径一致、相互可比,即对于相同或者相似的交易或者事项,不同企业应当采用一致的会计政策,以使不同企业按照一致的确认、计量和报告基础提供有关会计信息。

2.1.5 实质重于形式

实质重于形式要求企业应当按照交易或者事项的经济实质进行会计确认、计量和报告，不应仅以交易或者事项的法律形式为依据。如果企业仅仅以交易或者事项的法律形式为依据进行会计确认、计量和报告，那么就容易导致会计信息失真，无法如实反映经济现实和实际情况。

在实务中，交易或者事项的法律形式并不总能完全真实地反映其实质内容。所以会计信息要想反映其应反映的交易或事项，就必须根据交易或事项的实质和经济现实来进行判断，而不能仅仅根据它们的法律形式。

2.1.6 重要性

重要性要求企业提供的会计信息应当反映与企业财务状况、经营成果和现金流量有关的所有重要交易或者事项。如果企业会计信息的省略或者错报会影响使用者据此作出的经济决策，该信息就具有重要性。重要性的应用需要依赖职业判断，企业应当根据其所处环境和实际情况，从项目的性质和金额大小两方面来判断其重要性。

2.1.7 谨慎性

谨慎性要求企业对交易或者事项进行会计确认、计量和报告时应当保持应有的谨慎，不应高估资产或者收益、低估负债或者费用。在市场经济环境下，企业的生产经营活动面临着许多风险和不确定性，如应收款项的可收回性、固定资产的使用寿命、无形资产的使用寿命、售出存货可能发生的退货或者返修等。会计信息质量的谨慎性要求，即需要企业在面临不确定性因素的情况下作出职业判断时，保持应有的谨慎，充分估计到各种风险和损失，既不要高估资产或者收益，也不要低估负债或者费用。

但是，谨慎性的应用并不允许企业设置秘密准备，如果企业故意低估资产或者收益，或者故意高估负债或者费用，将不符合会计信息的可靠性和相关性要求，损害会计信息质量，扭曲企业实际的财务状况和经营成果，从而对使用者的决策产生误导，这是会计准则所不允许的。

2.1.8 及时性

及时性要求企业对于已经发生的交易或者事项，应当及时进行确认、计量和报告，不得提前或者延后。会计信息的价值在于帮助使用者作出经济决策，因此具有时效性。即使是可靠、相关的会计信息，如果不及时提供，也就失去了时效性，对于使用者的效用就大大降低，甚至不再具有任何意义。

2.2 实践项目

2.2.1 会计职业判断力训练

[看法 2.4]可靠性要求强调会计信息的真实性，但并不要求也不可能做到会计信息百分百地符合客观实际。

[看法 2.5]会计信息的相关性和可靠性是相对立的。

[看法 2.6]只强调会计信息的可靠性，而忽略其可理解性，会计信息的相关性就难以得到体现。

[看法 2.7]可比性要求企业不得变更会计政策。

[看法 2.8]企业将融资租入固定资产按自有固定资产的折旧方法对其计提折旧,遵循的是实质重于形式要求。

2.2.2 项目要求

请你对上述有关会计核算一般原则的看法作出判断,并说明理由。

2.2.3 业务分析及处理结果

[看法 2.4]对。会计信息的真实性是指会计信息应避免错误并减少偏差,忠实表达客观的现象或状况,但它的真实性并不意味着会计信息一定要百分百地反映客观实际,如同人的认识一样,会计信息反映的真实性是相对的,只要它合情、合理、合法、合规,也就符合了真实性的要求。

[看法 2.5]错。会计信息质量的相关性要求,需要企业在确认、计量和报告会计信息的过程中,充分考虑使用者的决策模式和信息需要。但是,相关性是以可靠性为基础的,两者之间并不矛盾,不应将两者对立起来。也就是说,会计信息在可靠性前提下,尽可能地做到相关性,以满足投资者等财务报告使用者的决策需要。

[看法 2.6]对。企业编制财务报告、提供会计信息的目的在于使用,而要使用者有效使用会计信息,应当能让其了解会计信息的内涵,弄懂会计信息的内容,这就要求财务报告所提供的会计信息应当清晰明了,易于理解。只有这样,才能提高会计信息的有用性,实现财务报告的目的,满足投资者等财务报告使用者对会计信息的要求。因此,忽略可理解性,就无法达到相关性。

[看法 2.7]错。会计信息质量的可比性要求同一企业不同时期发生的相同或者相似的交易或者事项,应当采用一致的会计政策,不得随意变更。但是,满足会计信息可比性要求,并非表明企业不得变更会计政策,如果按照规定或者在会计政策变更后可以提供更可靠、更相关的会计信息,就可以变更会计政策,但需要对会计政策变更的情况,在财务报告附注中予以说明。

[看法 2.8]对。融资租入固定资产的所有权不属于租入方,也就是说在法律形式上其资产的所有权属于出租方,但从经济实质上看,租入方长期使用该资产并取得经济利益,所以租入方应根据实质重于形式要求,视同自有固定资产对其计提折旧。

【专题小结】

本专题主要介绍了会计核算工作的前提条件和基本原则,其内容既是学习后续专业知识的基础,也是从事会计实际工作必须遵守的工作前提条件和基本原则。会计核算前提是企业会计确认、计量和报告的前提,是对企业核算所处时间、空间环境等所做的合理设定,包括会计主体、持续经营、会计分期、货币计量。作为会计核算的一般原则,包括可靠性、相关性、可理解性、可比性、实质重于形式、重要性、谨慎性和及时性。

【主要概念】

1. 会计主体 2. 持续经营 3. 会计分期 4. 货币计量 5. 可靠性 6. 相关性

7. 可理解性　8. 可比性　9. 实质重于形式　10. 重要性　11. 谨慎性　12. 及时性

【思考题】

1. 会计核算的基本前提包括哪些内容？如何理解？
2. 会计核算的一般原则包括哪些内容？如何理解？

【练习题】

判断题

1. 如果没有持续经营会计基本假设，就无法选择正确的核算方法。　　　（　　）
2. 会计主体确定了从事会计工作和提供会计信息的空间范围。　　　（　　）
3. 企业内的一个部门因为不是法人，所以不能作为一个会计主体单独进行核算。

　　　　　　　　　　　　　　　　　　　　　　　　　　　　　（　　）

4. 一项业务对甲企业来说，应按重要性原则来处理的话，其他企业也应如此处理。

　　　　　　　　　　　　　　　　　　　　　　　　　　　　　（　　）

5. 会计只采用货币计量尺度，不采用其他计量尺度。　　　　　（　　）

专题三

手工会计核算的一般程序与记账方法

学习目标

1. 了解手工会计核算的一般程序。
2. 了解手工会计核算的基本方法。
3. 掌握借贷记账法。

1　手工会计核算的一般程序与方法

1.1　知识要素

会计的职能之一是核算,或称之为反映。会计核算职能的履行,是一个过程,是采用一定的核算方法对会计主体在一定会计期间发生的经济事项进行确认归集、储存积累和整理输出会计信息的过程。在手工操作方式下,会计核算的方法和程序因会计主体的经济业务规模、会计机构设置及会计人员业务水平的不同而有所不同。这里,介绍手工会计核算的一般程序和基本方法,其目的是便于学生理解其后每一专题学习的目的和任务,而不至于在会计知识的迷宫中失去方向。

1.1.1　手工会计核算的一般程序

如前所述,在手工操作方式下,会计核算的程序会因会计主体的规模、会计机构设置、经济业务量的不同而有所不同。但若对各种会计核算程序加以抽象,可得出如下会计核算的一般程序:

(1) 经济业务发生,根据审核无误的原始凭证填制记账凭证;

(2) 根据记账凭证登记账簿;

(3) 根据账簿提供的数据编制会计报表。

上述会计核算的一般程序,如图 3-1 所示。

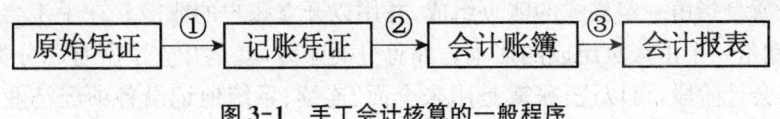

图 3-1　手工会计核算的一般程序

1.1.2　会计核算的基本方法

会计核算方法是对会计主体的经济业务进行会计确认计量、归集整理和报告所采用的方法。对企业而言,会计核算方法主要包括设置会计科目与账户、复式记账、填制和审核会计凭证、登记账簿、成本计算、财产清查及编制财务会计报告七种方法。对于非营利组织,一般不需用成本核算这一方法。下面介绍本学习阶段需要了解或掌握的会计核算方法。

1.1.2.1　填制和审核会计凭证

会计凭证是记录经济业务,明确经济责任的书面证明,是用来登记会计账簿的依据。会计凭证包括原始凭证和记账凭证。原始凭证是经济业务发生时,由经办人或经办单位填制的,它是记录经济业务、明确经济责任的书面证明。单位的采购员要取得发票以证明他完成的采购任务,要有坐车的车票、住宿的发票证明发生的差旅费用。这些发票、车票就是原始凭证。记账凭证是根据审核无误的原始凭证填制的。记账凭证是登记账簿的依据,也是明确会计责任的书面证明。填制和审核会计凭证是为了保证经济业务的真实性、合法性和账簿记录的正确性的一种专门方法。经济业务是否发生和完成,关键要看是否取得或填制会计凭证,会计人员对取得或填制的会计凭证进行严格审核,保证其符合相关财经法规、业务真实可靠,从而为经营管理工作提供真实可靠的会计信息和有效地保护单位的财产安全。

1.1.2.2 设置账户

在专题一中,讲述了会计对象、会计要素和会计科目。会计科目是对会计要素的具体内容的进一步分类,是会计核算的基本项目。账户是按照会计科目设置的,是按照会计科目分门别类地记录经济业务的载体。只有设置账户才能按照会计科目所确定的核算内容分门别类地收集与归集财务信息。

1.1.2.3 复式记账

在前面介绍的会计凭证和会计账户两种核算方法中,都涉及记账方法问题,即涉及登记的账户的确定和记账符号的确定问题:是登记经济业务涉及的主要账户,还是登记经济业务涉及的全部账户;是以增减或收付为记账符号,还是以借贷为记账符号? 在会计实务中,曾有过单式记账法与复式记账法的运用,也曾有过收付记账法、增减记账法和借贷记账法的区别。我国企业会计准则规定,我国企业采用借贷记账法。借贷记账法是一种复式记账法。它是以借和贷为记账符号,对每项经济业务以相等的金额在两个或两个以上相互联系的账户进行登记的一种专门方法。

现在来看填制和审核会计凭证、设置账户与确定记账方法三种核算方法的关系:确定记账方法是后两种会计核算方法应用的前提条件,设置账户又是填制和审核会计凭证工作的前提条件,填制和审核会计凭证是会计核算工作的起点。

1.1.2.4 登记账簿

会计账簿是指由一定格式的账页组成,并用以开立账户的账簿。在手工会计中,一般来说,账簿就是一个由账页组成的账本。如总分类账簿,就是开立了所有总分类账户的账本。在手工会计阶段,可以说,账簿是用来全面、连续、系统地记录各项经济业务的簿籍,是保存会计信息重要的工具。登记账簿就是把会计主体所有的经济业务按其发生的顺序,分门别类的登记在有关账簿中。通过登记账簿一方面可以系统地归纳和积累会计核算资料,为编制会计报表和改善经营管理工作提供资料,另一方面可以利用会计账簿的核算资料,为开展会计检查和会计分析提供依据。

1.1.2.5 成本计算

成本计算是指会计主体在生产经营活动中,按成本计算对象归集和分配各项费用支出,以确定成本计算对象的总成本与单位成本的一种专门方法。成本计算是制造业进行经济核算的重要内容。

1.1.2.6 财产清查

财产清查是指通过对实物资产、库存现金等进行实地盘点,对银行存款和债权债务进行核对,以确定各项财产物资及债务的实存数,并查明实存数和账存数是否相符的一种专门方法。通过财产清查,可以查明各项财产物资及债务的实际情况,保护财产物资的安全与完整,并为编制财务报告提供正确、可靠的资料。

1.1.2.7　编制财务会计报告

财务会计报告是对外提供总括反映会计主体某一特定日期财务状况和某一时期经营成果、现金流量的书面文件。编制财务会计报告是对日常会计核算资料的总结，是将账簿记录的内容定期地加以分类、整理和汇总，形成会计信息使用者所需要的各种指标，再报送给会计信息使用者以便据以进行经济决策。财务会计报告也是企业检查财务预算执行情况，制订财务计划的重要依据。编制财务报告，是会计核算工作的最后环节，也是会计核算工作的最终成果。

1.2　实践项目

1.2.1　专业思维能力训练

 题目3.1

假如你的邻居开了一个小商店，他最想知道的是小店的盈亏情况。他知道你在学会计。一天，关店后便来向你请教。恰巧你的一位学会计的师兄在你家，这是一位很有热情、很认真的人。他主动地给你的邻居出主意，说："你要设置有关资产、负债、业主权益、收入、费用、利润等账户。经济业务发生时，要取得或填制原始凭证，根据审核无误的原始凭证填制记账凭证，再根据审核无误的记账凭证登记账簿，最后，根据账簿资料编制资产负债表和利润表，你的小店的财务情况和盈亏情况就清楚了。"

你的邻居听后，面色有些为难，摇了摇头，说："我没有这么多的会计知识，也没有那么多的时间呐。"

那么，你对你的邻居有什么好的、可行的建议？

1.2.2　项目要求

请说出：你是如何考虑这一问题的，并可给出你认为可行的做法。

1.2.3　参考答案

做事情，一是要有明确的目的，知道需要的是什么；二是要讲求效益，用较少的投入达成目的；三是要有底线，例如，不违反有关规定。那么，该邻居要如何做呢？一是要分清小店和家庭的财产与收支，即明确会计主体；二是记清自己小店的投资额；三是记清楚发生的人欠、欠人，即记好债权、债务；四是期末进行资产盘点，算出资产总额；五是，按下列公式计算出小店的盈利额：

$$盈利额（负数为亏损额）＝资产总额＋人欠－投资额－欠人$$

这一做法：一是算出了盈亏，达到了目的（会计核算的目的不只是提供会计信息，保护财产安全也是会计核算的目的之一，但小店由业主自己管理，财产安全问题不大，不必采取严格的会计核算）；二是工作量不大，投入少，效益高；三是按规定缴纳税费，不存在违规、违法的问题。

2 账 户

2.1 知识要素

2.1.1 账户的概念

设置会计科目,只是规定了对会计要素具体内容进行分类核算的项目,为了连续、系统地反映经济业务,提供各种会计信息,还必须根据规定的会计科目在账簿中开设账户。

账户是指根据会计科目开设的,具有一定格式和结构,用于分类反映经济业务情况的一种手段。由于账户是用来记录各个会计科目所反映的经济内容的载体,所以每一个账户既要有明确的内容,又要有一定的结构和格式。一个会计主体应该设置什么账户,设置多少账户,是由会计主体所设立的会计科目决定的。

简言之,账户是根据会计科目设置的,是按照会计科目分类核算的载体,它可以提供连续性的、分类的会计信息。

2.1.2 账户的分类

2.1.2.1 按账户反映的经济内容分类

账户按其反映的经济内容的不同,一般可分为以下五类。

a. 资产类账户

资产类账户是指用来反映企业资产的增减变动及其结存情况的账户。其中,反映企业流动资产的账户,一般有"库存现金"、"银行存款"、"应收账款"、"原材料"、"库存商品"等账户;反映企业长期资产的账户,一般有"长期股权投资"、"固定资产"、"无形资产"等账户。

b. 负债类账户

负债类账户是指用来反映企业负债的增减变动及其结存情况的账户。其中,反映企业流动负债的账户有"短期借款"、"应付账款"、"其他应收款"、"应交税金"、"应付股利"等账户;反映企业长期负债的账户有"长期借款"、"长期应付款"等账户。

c. 所有者权益类账户

所有者权益类账户是指用来反映企业所有者权益的增减变动及其结存情况的账户。该类账户有"实收资本(或股本)"、"资本公积"、"盈余公积"、"本年利润"、"利润分配"等账户。

d. 成本类账户

成本类账户是指用来反映企业在生产经营过程中发生的各种耗费并计算产品或劳务成本的账户。这类账户有"生产成本"、"制造费用"、"劳务成本"等账户。

e. 损益类账户

损益类账户是指用来反映企业各项收入、收益和费用、支出情况的账户。这类账户有"主营业务收入"、"其他业务收入"、"营业外收入"、"主营业务成本"、"其他业务成本"、"税金及附加"、"销售费用"、"管理费用"、"财务费用"、"营业外支出"、"所得税费用"等账户。

为便于管理,某些会计主体可能将同一客户的债权、债务业务并在一个账户中进行反映,这类账户被称为共同类账户。该类账户具有资产与负债双重性质,具体是资产类账户,还是负债类账户,由该账户的余额所决定。

2.1.2.2 按账户提供信息的详细程度分类

账户按其提供信息的详细程度不同,可分为以下两类。

a. 总分类账户

总分类账户是指根据总分类科目设置,对不同经济内容进行总括分类核算的账户。例如,"原材料"、"固定资产"、"实收资本"、"短期借款"等账户。总分类账户简称总账账户或总账。

b. 明细分类账户

明细分类账户是指根据明细分类科目设置,对不同经济内容进行详细分类核算的账户。例如,制造业企业在"原材料"总分类账户下设置"原料及主要材料"、"辅助材料"、"外购半成品"等二级明细账户,以及在原材料及主要材料明细账户下再按材料的品种规格所设置三级明细账户。明细分类账户简称明细账。

2.1.3 总分类账户与明细分类账户的关系

总分类账户是明细分类账户的统驭账户,它对明细分类账户起着控制作用,明细分类账户则是总分类账的从属账户,它对总分类账户起着辅助和补充的作用。总分类账户与所属明细分类账户结合运用,就可以既概括又详细地反映同一经济业务的内容,提供总括与详细的核算资料。

2.1.4 账户的结构

账户结构是指账户的组成部分及其相互关系。账户一般包括下列内容:

(1) 账户的名称(即会计科目);

(2) 日期和凭证号数(说明记录经济业务的时间和账户记录的依据);

(3) 摘要(概括说明经济业务的内容);

(4) 金额:增加金额、减少金额;

(5) 余额。

账户的一般格式,如表3-1所示。

▼表3-1▼

账户名称(会计科目)

年		凭证编号	摘 要	增加额	减少额	余 额
月	日					

为了方便教学和手工汇总经济业务,上例账户的格式通常被简化成"丁"字式账户。"丁"字式账户的格式与英文字母的"T"相似,所以也称为"T"形账户。"丁"字式账户把账

户结构简化为左右两方,分别记录经济业务的增加数和减少数。至于哪一方记录增加额,哪一方记录减少额,这主要取决于账户的性质和采用的记账方法。T 形账户的结构,如图3-2 所示。

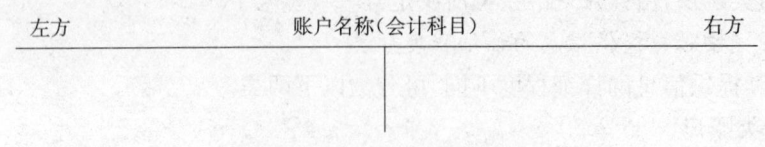

| 左方 | 账户名称(会计科目) | 右方 |

图 3-2　账户的"T"形结构

　　无论是正常结构下的账户,还是简化了的"T"形账户,都可以提供一系列的指标数据。这些指标数据包括账户的期初余额、本期增加发生额、本期减少发生额和期末余额。账户的期初余额是指在某一会计期间(月、季、年)开始时,由上一个会计期间期末余额结转而来的余额;本期增加发生额是指本会计期间记录到账户增加方的金额合计;本期发生减少额是指本会计期间记录到账户减少方的金额合计;期末余额是指在某一会计期间终了时,通过计算得到的账户期末余额。对于同一账户来说,其期末余额的计算公式为:

期末余额 ＝ 期初余额＋本期增加发生额－本期减少发生额

2.2　实践项目

2.2.1　专业分析能力训练

 题目 3.2

　　学到这里,有的同学有些疑惑:又是会计科目,又是会计账户,又是会计账簿,它们究竟是什么关系? 请你给解释解释。

2.2.2　项目要求

请说明会计科目、会计账户与会计账簿之间的联系与区别。

2.2.3　参考答案

　　会计科目、会计账户和会计账簿既有联系,又有区别。

　　会计科目与会计账户的联系主要表现为:会计科目是会计要素的具体内容分类而形成的项目,会计账户是依据会计科目设置的、具有一定的结构与格式,按会计科目所确定的核算内容进行记录与归集的载体。因此,两者反映的经济业务的内容相同、口径一致。会计账簿则是会计账户的存在形式,会计账户是在会计账簿中开立的,或者说,会计账簿是结构相同、登记方法相同的会计账户的集合。

　　会计科目是会计账户的名称,是设置账户的依据,会计账户是会计科目的具体运用。没有会计科目,账户则失去设置的依据;反之,没有会计账户,会计科目无法发挥其作用。所以,从广义上说,会计账户和会计科目是"同义语",在实际工作中,两者并不作严格的区分。

　　会计账户和会计科目的区别主要表现为:一是两者的功能不同。会计科目只是对会计要素进行分类的标志,不具有反映和核算会计对象的功能,会计账户能够记录经济业务,具有反映和监督会计对象的功能。二是两者的表现形式不同。会计科目只能反映经济内容,不存在结构问题,而会计账户必须具有一定结构,具有一定的格式,以便对经济业务进行连续、系统的核算与监督。所以,从狭义上说,会计科目不等于会计账户。会计账户寓于会计账簿之中,会计账簿是会计账户的形式,两者是内容与形式的关系。

举例来讲:一个中学生要求自己做课外读书笔记。他把需要记载的内容分为文学、理化和史地三类后,便在一个60页码的笔记本的第1页上写上了"文学"两个字,在第21页上写上了"理化"两字,在第41页上写上了"史地"两字。好,到此为止他做了两件事:一是对笔记内容进行了分类;二是在笔记本上划分了各部分内容可记录的空间。如果这位同学做的是会计工作的话,他做的第一件事,就是设置会计科目,做的第二件事就是开立账户。这时的这个笔记本,也就成了会计账簿。

3 借贷复式记账法

3.1 知识要素

为了反映和监督经济业务,在确定会计科目并设置账户后,还需要采用事先确定的记账方法将经济业务记录到账户中。记账方法是指根据一定的原理、记账符号、记账规则,采用一定的计量单位,利用文字和数字记录经济业务的一种专门方法。记账方法按记录方式的不同,可分为单式记账法和复式记账法两类。

复式记账法是在单式记账法的基础上发展起来的一种科学的记账法。复式记账法不仅能够全面、清晰地反映经济业务的来龙去脉,还便于核对账户记录,进行试算平衡,检查记账错误。与单式记账法相比,复式记账法具有不可比拟的优点。在我国,曾使用过借贷记账法、增减记账法、收付记账法等几种复式记账法。鉴于借贷记账法所特有的优点和国际通用性,我国《企业会计准则》明确规定中国境内的所有企业都应采用借贷记账法。

3.1.1 借贷记账法及其记账符号

借贷记账法是以"借"和"贷"为记账符号,对发生的每笔经济业务,都以相等的金额,在相互联系的两个或两个以上的账户中进行登记的一种复式记账法。

借贷记账法产生于13～14世纪意大利地中海沿岸一带的城市,最初为银行业所运用。当时的借贷资本家对于收进的存款,记在贷主的名下,表示债务;对于付出的放款,记在借主的名下,表示债权。在当时,"借"和"贷"两字只是表示债权、债务的增减变化。随着借贷记账法向债权债务以外的经济业务和向银行业以外的企业的扩展运用,"借"和"贷"便失去了它本来的含义,开始向纯粹的记账符号转化。

借贷记账法中的"借"和"贷"记账符号,因账户性质的不同而具有不同的含义。一般来说,对于资产、费用(成本)类账户,"借"表示增加,"贷"表示减少;对于负债、所有者权益及收入类账户,"借"表示减少,"贷"表示增加。

关于利润会计要素,一般是设立两个账户来反映的,一个是"本年利润"账户,反映当年利润形成的情况,对于该账户,"贷"表示利润的增加,"借"表示利润的减少或亏损的增加;另一个是"利润分配"账户,反映利润的分配和未分配利润的情况,对于该账户,"借"表示利润分配的增加,"贷"表示利润分配的减少或转入本年的利润及弥补的亏损。此外,还有一些特殊性质的账户,其"借"和"贷"的含义,后面再加以说明。

3.1.2 借贷记账法的账户结构

在借贷记账法下,账户的基本结构是分为"借方"和"贷方"。一般来说,账户的左方规定为"借方",账户的右方规定为"贷方"。一个账户的哪一方用来登记增加额,哪一方用来登记减少额,需根据账户的性质来确定。

3.1.2.1 资产类账户的结构

资产类账户的结构是:借方记录资产的增加额,贷方记录资产的减少额。在一个会计期间内,借方记录的合计数额称为借方发生额,贷方记录的合计数额称为贷方发生额。资产类账户的余额通常在借方。期末余额的计算公式如下:

$$期末余额(借方) = 期初余额(借方) + 本期借方发生额 - 本期贷方发生额$$

资产类账户的结构,若用丁字账户表示,如图3-3所示。

资产类账户

借方	会计科目(账户名称)		贷方
期初余额 发生额(增加数)	××× ×××	发生额(减少数)	×××
本期发生额(增加合计) 期末余额	××× ×××	本期发生额(减少合计)	×××

图3-3 资产类账户结构

3.1.2.2 负债、所有者权益类账户的结构

负债及所有者权益类账户的结构是:贷方记录负债或所有者权益的增加额,借方记录负债或所有者权益的减少额,期末余额通常在贷方。负债及所有者权益类账户的期末余额的计算公式如下:

$$期末余额(贷方) = 期初余额(贷方) + 本期贷方发生额 - 本期借方发生额$$

负债及所有者权益类账户的结构,若用丁字账户表示,如图3-4所示。

负债及所有者权益类账户

借方	会计科目(账户名称)		贷方
		期初余额 发生额(增加数)	××× ×××
发生额(减少数)	×××		
本期发生额(减少合计)	×××	本期发生额(增加合计)××× 期末余额	×××

图3-4 负债及所有者权益类账户结构

3.1.2.3 收入与费用类账户的结构

由"收入－费用＝利润"这一会计等式可知,收入增加则意味着利润及所有者权益的增加,费用增加则意味着利润及所有者权益减少。因此,对于收入类账户来说,其增加额应记入账户的贷方,收入减少额应记入账户的借方。由于收入类账户的贷方发生额通常于期末时(月末)通过借方转出,转入"本年利润"账户以计算损益,所以收入类账户一般没有期末余额。对于费用类账户来说,其增加额应记入账户的借方,费用减少额应记入账户的贷方。由于费用类账户的借方发生额通常于期末时(月末)通过贷方转出,转入"本年利润"账户以计算损益,所以费用类账户一般也没有期末余额。

收入与费用类账户的结构,如用"T"形账户表示,如图3-5和图3-6所示。

收入类账户

借方		会计科目(账户名称)		贷方
转出额(减少数)	×××	发生额(增加数)		×××
本期发生额(减少合计)	×××	本期发生额(增加合计)		×××

图 3-5 收入类账户结构

费用类账户

借方		会计科目(账户名称)		贷方
发生额(增加数)	×××	转出额(减少数)		×××
本期发生额(增加合计)	×××	本期发生额(减少合计)		×××

图 3-6 费用类账户结构

在账户的分类中,曾提到有的会计主体出于对同一客户债权债务管理的需要,可能设置双重性账户,如往来账户。在借贷记账法下,这类账户的期末余额如在借方为资产类账户,如在贷方则为负债类账户。

3.1.3 借贷记账法的记账规则

借贷记账法的记账规则,可以简明概括为:有借必有贷,借贷必相等。其含义是:一项经济业务的发生,既要记入一个或几个账户的借方,又要记入一个或几个账户的贷方,记入借方账户的金额合计同记入贷方账户的金额合计相等。

要理解借贷记账法的记账规则,则应从会计恒等式说起。"资产＝负债＋所有者权益"这一会计等式之所以称为会计恒等式,是因为这一会计等式从其本质上讲,反映着一种产权关系,即企业的一定数量的资产总为特定的债权人和投资人(所有者)所拥有。既然这一会计等式是产权关系的具体体现,因而,任何一笔经济业务的发生,都不会破坏这种产权关系。也就是说,都不会破坏会计恒等式的平衡关系。企业的经济业务形形色色、林林总总,但从平衡关系的角度来看,无外乎为四种类型:①等式两边同时增加一个等量;②等式两边同时减少一个等量;③等式左边一增一减一个等量;④等式右边一增一减一个等量。在处理这四类经济业务时，无一不遵循"有借必有贷，借贷必相等"的记账规则。下面分别加以验证。

第一种业务类型：等式两边同时增加一个等量。

【例3.1】 企业向银行借款 800 000 元。这一业务的发生，使等式左边的一项资产即银行存款增加 800 000 元，使等式右边的一项负债即银行借款增加 800 000 元。资产增加记入"银行存款"账户的借方，负债增加记入"短期借款"账户的贷方，即有借有贷，借贷相等。业务处理结果，如图 3-7 所示。

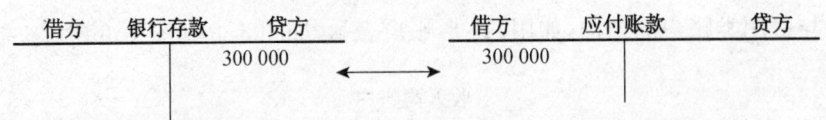

图 3-7 业务处理结果

第二种业务类型：等式两边同时减少一个等量。

【例3.2】 企业以银行存款归还前欠货款 300 000 元。这一业务的发生，使等式右边的负债即应付账款减少 300 000 元，等式左边的资产即银行存款减 300 000 元。负债减少记入"应付账款"账户的借方，资产减少记入"银行存款"账户的贷方，即有借有贷，借贷相等。业务处理结果，如图 3-8 所示。

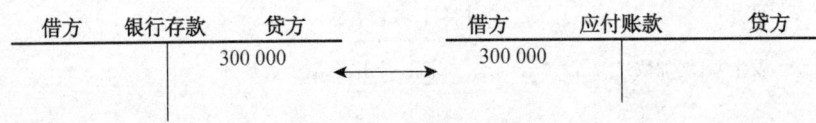

图 3-8 业务处理结果

第三种业务类型：等式左边一增一减一个等量。

【例3.3】 企业购入原材料一批，价款 100 000 元，货款以银行存款支付。这一业务的发生，使等式左边的资产一增一减，即原材料增加 100 000 元，银行存款减少 100 000 元。资产增加记入"原材料"账户的借方，资产减少记入"银行存款"账户的贷方，即有借有贷，借贷相等。业务处理结果，如图 3-9 所示。

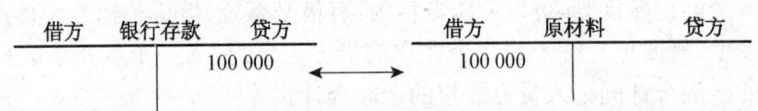

图 3-9 业务处理结果

第四种业务类型：等式右边一增一减一个等量。

【例3.4】 企业将到期的可转换公司债券转换为公司股票，金额 500 000 元。这一业务的发生，使得等式右边的负债减少 500 000 元，使同方向的所有者权益增加 500 000 元。负债减少记入"应付债券"账户的借方，所有者权益增加应记入"股本"账户的贷方，即有借有贷，借贷相等。业务处理结果，如图 3-10 所示。

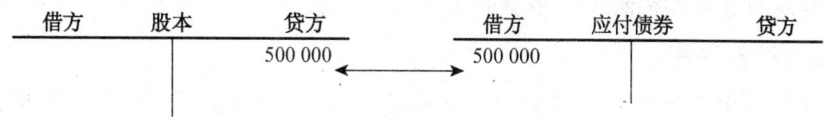

图 3-10　业务处理结果

可见,这四种业务的处理都遵循着"有借必有贷,借贷必相等"的记账规则。这里没有给出有关收入、费用方面的业务,但由于"收入－费用＝利润"会计等式可以并入"资产＝负债＋所有者权益"会计等式中,因而,涉及收入与费用业务的处理,同样应遵循上述记账规则。

3.1.4　会计分录

运用借贷记账法时,在相关账户之间会形成应借、应贷的相互关系,这种关系叫作账户对应关系。发生对应关系的账户叫作对应账户。会计上运用的账户很多,为了保证账户对应关系的正确性,业务处理的正确性,在实际工作中,应先根据原始凭证编制记账凭证,再根据审核无误的记账凭证登记。但在教学中,通过编制记账凭证来反映每笔经济业务的处理结果的话,教学效率就会受到很大影响。为了提高教学效率,可以对会计凭证做简化处理,形成会计分录。

会计分录简称分录,是标明某项经济业务的账户对应关系及各账户应记金额的一种记录。在会计教学上,常常以会计分录代替记账凭证。

会计分录的基本格式是借方账户在上,贷方账户在下,借方提前,贷方推后(即贷方记账符号、账户、金额,都要比借方退后一至两个字位)。

如企业向银行取得长期借款 600 000 元,可编制如下会计分录:

借:银行存款　　　　　　　　　　　　　　　　　　　　　　　　　600 000
　贷:长期借款　　　　　　　　　　　　　　　　　　　　　　　　　　600 000

会计分录按其所涉及会计账户的多少,可分为简单会计分录和复合会计分录两种。简单会计分录是指两个账户发生对应关系的会计分录,即一借一贷的会计分录。上笔会计分录就属于简单会计分录。复合会计分录是指两个以上(不含两个)的账户发生对应关系的会计分录,即一借多贷、一贷多借、多借多贷的会计分录。下面业务编制的是一个复合会计分录。

企业职工王武报差旅费 880 元,原借款 1 000 元,退还现金 120 元,编制复合会计分录如下:

借:库存现金　　　　　　　　　　　　　　　　　　　　　　　　　　120
　　管理费用　　　　　　　　　　　　　　　　　　　　　　　　　　880
　贷:其他应收款——王武　　　　　　　　　　　　　　　　　　　　　1 000

简单会计分录反映经济业务直观、明了,便于检查。复合会计分录实际上是由几个简单会计分录组合而成的会计分录。编制复合会计分录可以全面集中地反映某项经济业务,可以简化核算工作。应当指出的是,在实际工作中,如果一项经济业务涉及两个以上的借方与贷方账户时,为全面反映经济业务,可以编制多借多贷的复合会计分录,但不允许将几项经济业务合并编制多借多贷的复合会计分录。

3.1.5 试算平衡

为了检验一定会计期间所发生的经济业务在账户中的记录是否正确,在会计期末应进行账户的试算平衡。所谓试算平衡,就是在期末对所有账户的发生额及余额进行加总,以确定借贷方是否相等,从而检查记账、过账是否存在错误的一种方法。

按照借贷记账法"有借必有贷,借贷必相等"的记账规则来记账,每一笔经济业务借、贷两方的发生额都相等,由此类推,一定时期全部账户借方发生额合计与全部账户贷方发生额必然相等、全部账户借方余额合计与全部账户贷方余额合计也必然相等。这就是借贷记账法的平衡关系,用公式表示为:

本期所有账户借方期初余额合计 ＝ 本期所有账户贷方期初余额合计

本期所有账户借方发生额合计 ＝ 本期所有账户贷方发生额合计

本期所有账户借方期末余额合计 ＝ 本期所有账户贷方期末余额合计

试算平衡一般是通过编制试算平衡表进行的。每月月末结出各个账户的本月发生额合计数和月末余额后,编制试算平衡表。编制试算平衡表有两种做法:一种做法是将本期发生额和期末余额分别列表试算平衡,另一种做法是将本期发生额和期末余额在一张表上试算平衡。后一种做法采用的试算平衡表的格式,如表3-2所示。

▼表3-2▼

总分类账试算平衡表

年　　月　　日　　　　　　　　　　　单位:元

账 户 名 称	期初余额		本期发生额		期末余额	
	借方	贷方	借方	贷方	借方	贷方
合　　计						

通过编制试算平衡表进行试算平衡,如果试算结果不平衡,可以肯定账户的记录或计算有错误。如果试算结果平衡,一般说来记账是正确的,但也不能肯定无错误,因为有些错误并不影响借贷双方金额平衡。如果发生重记、漏记某项经济业务,或应借、应贷科目记错,或科目的借贷方向记反等错误时,都不影响借贷平衡关系。因此,通过试算平衡并不能发现所有的记账错误。

3.2 实践项目

3.2.1 账户核算内容的识别

3.2.1.1 项目资料

项目有关资料,如表3-3所示。

▼表3-3▼

项目有关资料

序号	经济事项	序号	经济事项
1	保险箱中的现金	8	企业的机器设备
2	存放在银行的款项	9	企业的商标权
3	从银行借入3个月的款项	10	所有者投入的资本
4	从银行借入3年的款项	11	发生的广告费
5	仓库中存放的材料	12	产品销售的收入
6	完工入库的产品	13	发生的所得税
7	企业的房屋	14	生产车间发生的水电费

3.2.1.2 项目要求

请说明表3-3中列示的各项经济业务事项应记入的账户,并对账户的类别进行识别,将识别结果填入表3-4中。

▼表3-4▼

账户的类别

序号	资产类	负债类	所有者权益类	收益类	费用类	成本类	核算账户名称
1							
2							
3							
4							
5							
6							
7							
8							
9							
10							
11							
12							
13							
14							

3.2.1.3 识别结果

判断结果,如表3-5所示。

▼表3-5▼

账户的类别

序号	资产类	负债类	所有者权益类	收益类	费用类	成本类	核算账户名称
1	✓						库存现金
2	✓						银行存款
3		✓					短期借款
4		✓					长期借款
5	✓						原材料
6	✓						库存商品
7	✓						固定资产
8	✓						固定资产
9	✓						无形资产
10			✓				实收资本
11					✓		销售费用
12				✓			主营业务收入
13					✓		所得税费用
14						✓	制造费用

3.2.2 借贷记账法应用技能训练

3.2.2.1 项目资料

某企业发生的部分经济业务,如表3-6所示。

▼表3-6▼

某企业发生的部分经济业务

序号	经济业务(金额省略)	序号	经济业务(金额省略)
1	企业从银行提取现金	5	企业取得期限为3个月的银行借款
2	企业以银行存款支付已购材料款	6	企业收到投资者投入的资本金并存入银行
3	企业将盈余公积转增资本	7	企业用银行存款退回投资款
4	企业用银行存款支付前欠货款	8	企业向投资者分配利润

3.2.2.2 项目要求

请确认采用借贷记账法对上述各项经济业务进行记账时涉及的对应账户及记入账户的方向。确认结果填入样表3-7。

▼表3-7▼

确认业务样表

序号	经济业务	"借方"账户	"贷方"账户
1	企业从银行提取现金		
2	企业以银行存款支付已购材料款		

（续表）

序号	经济业务	"借方"账户	"贷方"账户
3	企业将盈余公积转增资本		
4	企业用银行存款支付前欠货款		
5	企业取得期限为3个月的银行借款		
6	企业收到投资者投入的资本金并存入银行		
7	企业用银行存款退回投资款		
8	企业向投资者分配利润		

3.2.2.3 业务处理确认结果

业务处理结果,如表3-8所示。

▼表3-8▼

业务处理结果

序号	经济业务	"借方"账户	"贷方"账户
1	企业从银行提取现金	库存现金	银行存款
2	企业以银行存款支付已购材料款	原材料	银行存款
3	企业将盈余公积转增资本	盈余公积	实收资本
4	企业用银行存款支付前欠货款	应付账款	银行存款
5	企业取得期限为3个月的银行借款	银行存款	短期借款
6	企业收到投资者投入的资本金并存入银行	银行存款	实收资本
7	企业用银行存款退回投资款	实收资本	银行存款
8	企业向投资者分配利润	利润分配	应付股利

3.2.3 会计分录的编制

3.2.3.1 业务资料

2016年6月1日,企业填写现金支票,从工商银行提取现金600元。

3.2.3.2 项目要求

编写上述业务的会计分录,并试填制记账凭证。空白记账凭证,如图3-11所示。

记 账 凭 证

年 月 日 字第 号

摘 要	会 计 科 目		借方金额	贷方金额	记账√
	总账科目	明细科目			
附件 张	合 计				

会计主管   记账   出纳   审核   制证

图3-11 记账凭证

41

3.2.3.3 业务分析及处理结果

该经济业务的发生,引起企业库存现金的增加和银行存款的减少。库存现金属于企业的资产,其增加应记入"库存现金"账户的借方,银行存款也属于企业的资产,其减少应记入"银行存款"账户的贷方,故编制的会计分录为:

借:库存现金　　　　　　　　　　　　　　　　　　　　　　　　　600
　贷:银行存款　　　　　　　　　　　　　　　　　　　　　　　　600

会计分录为记账凭证的简化形式,例如,以记账凭证的形式直接反映上项业务,填制记账凭证如图 3-12 所示。

记 账 凭 证

2016 年 6 月 1 日　　　　　　　　　银付字第 01 号

摘　要	会 计 科 目		借 方 金 额	贷 方 金 额	记账√
	总账科目	明细科目			
提取现金	库存现金		600		
	银行存款	工商银行		600	
附件 1 张	合　计		￥600	￥600	

会计主管　　　　记账　　　　出纳　　　　审核　　　　制证××

图 3-12　填制记账凭证

【专题小结】

会计核算的一般程序,是根据审核无误的原始凭证填制记账凭证,根据记账凭证登记账簿,根据账簿资料编制会计报表。会计核算的一般程序,是对各种记账程序的一种抽象表述,便于初学者了解会计核算的主要过程。

会计科目是对会计要素进一步分类所形成的具体项目,是会计核算的具体内容。为了反映各项经济业务的发生情况,应根据会计科目设置会计账户。会计账户是具有一定结构与格式、用来分门别类地记录经济业务的载体。会计账户是会计科目设置的,所以,会计账户的分类也就与会计科目的分类基本相同。会计账户按其反映的内容划分,可分为资产类账户、负债类账户、所有者权益类账户、成本类账户和损益类账户;会计账户按其反映经济业务的详略程度划分,可分为总分类账户和明细分类账户。

填制记账凭证也好,记账也好,都需要确定应采用的记账方法。记账方法就是根据一定的原理、记账符号、记账规则、采用一定的计量单位,利用文字或数字记录经济业务的一种专门方法。我国有关会计准则规定,我国境内的企业应采用借贷记账法。借贷记账法是指以"借"和"贷"为记账符号的一种复式记账法。一般来说,对于资产类、成本费用类账户,"借"意味着增加,"贷"意味着减少;对于负债类、所有者权益类和收入类账户,"借"意味着减少,"贷"意味着增加。借贷记账法的记账规则是"有借必有贷,借贷必相等",这一记账规则使所有账户的发生额、余额形成了一种平衡关系。进行试算平衡,是检查记账、过账有无错误的重要方法。

【主要概念】

1. 账户 2. 借贷记账法

【思考题】

1. 什么是会计账户?会计账户结构如何?

2. 会计科目与会计账户是什么关系?

3. 什么是借贷记账法?

【练习题】

(一) 判断题

1. 所有的总分类科目都应该设置明细科目,进行明细核算。   （   )

2. 会计账户的功能在于连续、系统、完整地提供企业经济活动中各会计要素增减变动及其结果的具体信息。   （   )

3. 会计科目是会计账户设置的依据。   （   )

4. 借贷记账法的记账符号,实质表示的是金额的增加或减少,结余的金额,也表示账户中的登记方向。   （   )

5. "有借必有贷,借贷必相等"是借贷记账法的记账规则。   （   )

(二) 计算题

根据下列会计账户中的期初余额和本期发生额,计算各会计账户的期末余额,并填入表 3-9 期末余额栏中。

▼表 3-9 ▼

账 户 资 料 表   单位:元

账户名称	期初余额	本期借方发生额	本期贷方发生额	期末余额
银行存款	400 000	1 800 000	2 000 000	(1)
固定资产	2 000 000	200 000	400 000	(2)
短期借款	300 000	150 000	250 000	(3)
应付账款	200 000	440 000	300 000	(4)

(三) 编写会计分录

1. 2016 年 5 月 1 日,企业填写现金支票,从工商银行提取现金 800 元(银付字第 01 号)。

2. 2016 年 5 月 10 日,企业用现金购买办公用品 300 元(现付字第 01 号)。

3. 2016 年 5 月 15 日,企业用工行存款支付业务招待费 2 000 元(银付字第 02 号)。

4. 2016年5月25日,企业以工行存款支付行政管理部门水电费1 800元(银付字第03号)。

5. 2016年5月31日,企业结算本月份应付职工工资58 000元。其中:制造A产品工人工资25 000元,制造B产品工人工资15 000元,车间管理人员工资10 000元,厂部管理人员工资8 000元(转字第01号)。

补充资料 1

会计电算化对记账凭证的影响

会计电算化不仅加速了会计核算工作,提高了会计工作质量和企业的管理水平,同时也改变了企业的管理方式与方法、会计核算的方式和方法。对于后者,主要体现在以下几方面。

1.1 记账凭证通用化

在手工会计阶段,我国的小型企业与大中型企业在记账凭证的使用上是有所不同的。小型企业业务不多,无须考虑记账工作在不同会计人员之间的分工问题,故一般采用通用记账凭证。大中型企业,特别是大型企业,业务多,记账工作量大,需要解决记账工作在会计人员间的分工问题。从便于分工考虑,大中型企业多采用专用记账凭证。

专用记账凭证是其格式专用,适用特定业务种类的记账凭证。专用记账凭证按其反映的业务种类不同划分,可分为收款凭证、付款凭证和转账凭证。

收款凭证是用于现金及银行存款收入业务的记账凭证。它是根据现金和银行存款收款业务的原始凭证填制的,其一般格式如表1所示。

▼表1▼

收 款 凭 证

应借科目: 年 月 日 编号:

摘 要	应贷科目		金额	记账
	总账科目	明细科目		
合 计				

会计主管 记账 复核 制单

附单据 张

付款凭证是用于现金及银行存款付出业务的记账凭证。它是根据现金和银行存款付款业务的原始凭证填制的,其一般格式如表2所示。

▼表2▼

付 款 凭 证

应贷科目: 年 月 日 编号:

摘 要	应借科目		金额	记账
	总账科目	明细科目		
合 计				

会计主管 记账 复核 制单

附单据 张

对于涉及现金和银行存款一收一付的业务,应填制付款凭证,不填制收款凭证,以防止业务重复处理。

转账凭证是用于不涉及现金和银行存款收付业务的转账业务的记账凭证。它是根据有关转账业务的原始凭证填制,其一般格式如表3所示。

▼表3▼

转 账 凭 证

年　　月　　日　　　　　　　　　　　　　编号:

摘　　要	总账科目	明细科目	借方金额	贷方金额	记　　账	
						附单据
						张
合　　计						

会计主管　　　　　　记账　　　　　　复核　　　　　　制单

主要出于便于分工,缩短记账时间而采用的专用记账凭证,在会计电算化后,已无存在的必要。尽管某些会计教材还在介绍或某些企业还在使用,历史会清楚告诉我们:它已完成了历史使命,已无存在的价值。

1.2 已消失的单式凭证

在手工会计阶段,使用的记账凭证按其填制方式的不同,还可分为复式记账凭证和单式记账凭证。

前面提到的记账凭证,通用记账凭证也好,专用记账凭证也好,都属于复式记账凭证。它是在一张记账凭证上完整地反映一项经济业务的记账凭证。这种记账凭证有利于了解经济业务的全貌,便于查账,同时可减少编制记账凭证的工作量,减少记账凭证的数量。在手工会计条件下,它的缺点是不便于分工记账和汇总。

单式记账凭证是指按照一项经济业务所涉及的每个会计科目单独编制的记账凭证。单式记账凭证将一项经济业务所涉及的会计科目及其对应关系,通过借项记账凭证、贷项记账凭证予以分别反映,所以单式记账凭证又称单项记账凭证。由于单式记账凭证中每个凭证只反映一个记账科目,因而便于手工进行汇总,也便于手工记账工作的分工。所以,在手工会计方式下,单式记账凭证是业务量大、记账工作繁重,记账耗时多的企业单位采用的记账凭证。分类分工记账,可以缩短记账时间。单式记账凭证的缺点是:不仅不能反映经济业务的全貌及其会计科目的对应关系,同时编制记账凭证的工作量大,出现差错也不易查找。大型企业的会计工作实行电算化后,单式记账凭证已不被采用。单式记账凭证的一般格式如表4和表5所示。

▼表4▼

借项记账凭证

对应科目 年 月 日 编号：

摘 要	总账科目	明细科目	金额	记账

▼表5▼

贷项记账凭证

对应科目 年 月 日 编号：

摘 要	总账科目	明细科目	金额	记账

补充资料2

会计电算化对会计核算程序的影响

本补充资料首先阐述会计核算程序的概念、现代会计曾使用过的会计核算程序及其特点与适用条件,最后分析在我国经济体制改革复杂化,特别是信息技术快速发展、会计手段电算化的冲击下,如何对会计核算程序作出选择的问题。

2.1 会计核算程序的概念

专题三中已提及会计凭证、会计账簿和财务会计报告是财务会计系统的基本构成要素。它们不是彼此孤立的,而是以一定的形式结合起来,构成一个完整的运行体系,即财务会计系统运行方式。财务会计系统运行方式有多种叫法,如会计核算形式、账务处理程序或会计核算程序。这里,我们称之为会计核算程序。会计核算程序就是指从填制会计凭证、登记会计账簿到编制财务会计报告的步骤和方法。

为了发挥财务会计系统的职能作用,提高其运作效率和降低运行成本,企业或单位应当科学、合理地选择会计凭证、会计账簿及会计报表的种类和格式;确定各种凭证之间、各种账簿之间、各种报表之间的相互关系;确定各种凭证的填制方法和账簿登记程序。选择科学、合理的会计核算程序,对于提高会计工作的质量和效率,及时正确地编制会计报表,提供全面、正确、及时、清晰的会计信息,满足企业内外信息使用者的需要,以及简化会计工作,节省人力和物力有着重要的意义。

在手工会计条件下,企业在设计和选择会计核算程序时,必须考虑以下基本要求:

(1) 要与本单位经济活动的特点、规模的大小和业务的繁简情况相适应,以利于会计工作的合理分工和岗位责任制的建立。

(2) 要能及时、准确、全面、系统地提供会计核算资料,满足单位微观经济管理和国家宏观经济管理的需要,以及其他利益相关者对会计信息的需要。

(3) 要在保证核算资料正确、及时、完整和充分发挥会计监控作用的前提下,尽可能地简化会计工作程序和核算手续,提高会计工作效率,节约人力、物力,降低会计成本。

2.2 会计核算程序的种类及特点

在长期会计实践中,我国曾采用的手工会计核算程序主要有以下五种:记账凭证会计核算程序、科目汇总表会计核算程序、汇总记账凭证会计核算程序、多栏式日记账会计核算程序和日记总账会计核算程序。

上述会计核算程序既有相同之处,又有不同之处,其区别主要表现在总分类账的登记依据和登记方法上:总分类账是根据记账凭证直接登记,还是采取某种形式汇总后登记;是由某一会计人员独立完成,还是由多位会计人员分工完成。30多年来,随着我国市场经济的发展,会计核算的内容越来越复杂,这一变化使曾用于中小企业的多栏式日记账会计核算程序和日记总账会计核算程序退出了历史舞台。在近年出版的教材中,几乎见不到这两种核算程序的踪影。其他三种会计核算程序的命运如何?我们在对它们的特点和适用条件介绍后,再作具体分析。

2.2.1 记账凭证会计核算程序及特点

a. 记账凭证会计核算程序下会计凭证和账簿的设置

（a）会计凭证的设置

在记账凭证会计核算程序下，记账凭证主要采用通用记账凭证。在手工会计阶段，收付款业务量大的企业也曾采用收款凭证、付款凭证和转账凭证等专用记账凭证。

（b）会计账簿的设置

记账凭证会计核算程序下，需要设置库存现金日记账、银行存款日记账、总分类账和明细分类账。库存现金日记账、银行存款日记账和总分类账均可采用三栏式；明细分类账可以根据需要采用三栏式、数量金额式或多栏式。

b. 记账凭证会计核算程序的基本步骤

第一步，经济业务发生后，根据原始凭证或原始凭证汇总表填制记账凭证；

第二步，根据记账凭证逐笔登记库存现金日记账和银行存款日记账；

第三步，根据记账凭证及所附的原始凭证（或原始凭证汇总表）逐笔登记各种明细分类账；

第四步，根据记账凭证逐笔登记总分类账；

第五步，月末，将库存现金日记账、银行存款日记账的余额，以及各总分类账所属的明细分类账余额之和，分别与其总分类账的余额进行核对；

第六步，根据总分类账和明细分类账提供的数据资料编制会计报表。

c. 记账凭证会计核算程序的特点和适用范围

（a）记账凭证会计核算程序的主要特点

记账凭证会计核算程序的特点是：直接根据记账凭证，逐笔登记总分类账。记账凭证会计核算程序是最基本的会计核算程序，它是其他会计核算程序的基础。

（b）记账凭证会计核算程序的适用范围

记账凭证会计核算程序简单明了，易于理解，便于掌握。在手工会计核算形式下，总分类账根据记账凭证逐笔进行登记，登记总分类账的工作量较大。因而它适用于规模小且经济业务量较少的经济单位。

2.2.2 科目汇总表会计核算程序及特点

a. 科目汇总表会计核算程序下会计凭证和账簿的设置

科目汇总表会计核算程序下，会计凭证和账簿的设置与记账凭证会计核算程序下的会计凭证和账簿的设置基本相同。记账凭证一般采用通用记账凭证。在手工会计阶段，收付款业务较多的企业也采用收款凭证、付款凭证和转账凭证等专用凭证。库存现金日记账、银行存款日记账和总分类账可采用三栏式账户，明细分类账根据需要可以采用三栏式、数量金额式或多栏式。

b. 科目汇总表会计核算程序的基本步骤

第一步，根据原始凭证或原始凭证汇总表填制记账凭证；

第二步，根据记账凭证逐笔登记库存现金日记账和银行存款日记账；

第三步，根据记账凭证及所附原始凭证（或原始凭证汇总表）逐笔登记各种明细分类账；

第四步，根据记账凭证，定期对每一科目的借方和贷方发生额进行汇总，编制科目汇总表；

第五步,根据科目汇总表登记总分类账;

第六步,月末,将库存现金日记账、银行存款日记账的余额,以及各总分类账所属的明细分类账余额之和,分别与其总分类账的余额进行核对;

第七步,根据总分类账和明细分类账的数据资料编制会计报表。

科目汇总表会计核算程序的基本步骤如图1所示。

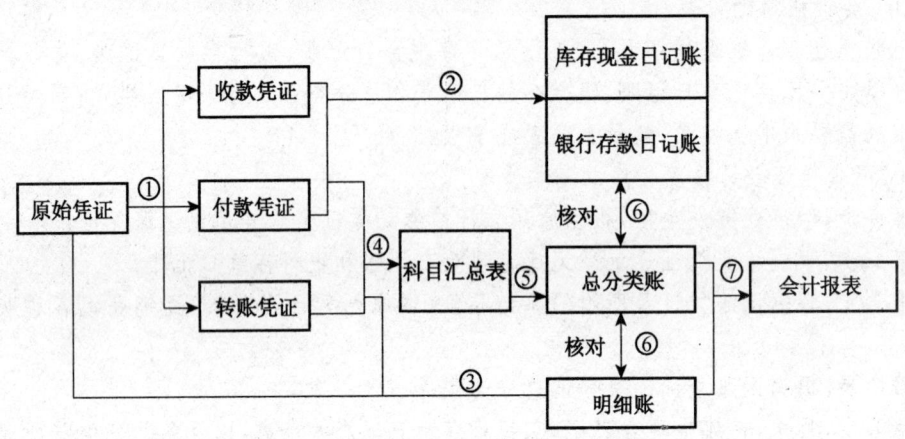

图1　科目汇总表会计核算程序的基本步骤示意图

c. 科目汇总表的编制方法

科目汇总表是根据记账凭证按照相同的账户进行归类,定期汇总每一账户的借方和贷方发生额编制而成的。其汇总时间要根据企业经济业务量的多少而定,一般每10天或15天或每月编制一次。科目汇总表的格式,如表1所示。

▼表1▼

科 目 汇 总 表

201×年　　月　　日至　　日　　　　　　科汇字第　　号

会计科目	借方发生金额	贷方发生金额	过　账
库存现金 银行存款 应收账款 主营业务收入 其他业务收入 财务费用 销售费用 管理费用 主营业务成本 其他业务成本			
合　计			

(a) 科目汇总表的编制步骤

企业单位应根据经济业务量的多少,确定编制科目汇总表的次数。科目汇总表的编制步骤如下:

第一步,按照会计科目设置丁字式账户;

第二步,根据记账凭证,将一定期间的经济业务过入丁字式账户;

第三步,计算各丁字式账户的借、贷方发生额合计;

第四步,根据各丁字式账户的借、贷方发生额合计填制科目汇总表。

(b) 科目汇总表编制举例

某企业 2016 年 11 月 1 日至 10 日发生的经济业务,见以下记账凭证(以会计分录代替):

编号 1	借:库存现金	2 000	编号 2	借:其他应收款	3 000
	贷:营业外收入	2 000		贷:库存现金	3 000
编号 3	借:管理费用	1 000	编号 4	借:销售费用	1 000
	贷:库存现金	1 000		贷:库存现金	1 000
编号 5	借:银行存款	80 000	编号 6	借:银行存款	117 000
	贷:应收账款	80 000		贷:主营业务收入	100 000
				应交税费	17 000
编号 7	借:销售费用	20 000	编号 8	借:库存现金	10 000
	贷:银行存款	20 000		贷:银行存款	10 000
编号 9	借:原材料	10 000	编号 10	借:应付职工薪酬	25 000
	应交税费	1 700		贷:银行存款	25 000
	贷:银行存款	11 700			
编号 11	借:财务费用	10 000	编号 12	借:管理费用	2 000
	贷:银行存款	10 000		贷:其他应收款	2 000

2016 年 9 月 1 日至 10 日的科目汇总表的编制方法如下。

第一步,把这一时期内的所有记账凭证按相同科目进行汇总,编制科目汇总表工作底稿,如图 2 所示。

▼图2▼

科目汇总表工作底稿

2016 年 9 月 1 日至 10 日

库 存 现 金				银 行 存 款			
编号 1	2 000	编号 2	3 000	编号 5	80 000	编号 7	20 000
编号 8	10 000	编号 3	1 000	编号 6	117 000	编号 8	10 000
		编号 4	1 000			编号 9	11 700
						编号 10	25 000
合计	12 000	合计	5 000			编号 11	10 000
				合计	197 000	合计	76 700

原 材 料				管 理 费 用			
编号 9	10 000			编号 3	1 000		
				编号 12	2 000		
合计	10 000	合计	0	合计	3 000	合计	0

（续图）

其他应收款		
编号2	3 000	编号12	2 000
合计	3 000	合计	2 000

销售费用		
编号4	1 000	
编号7	20 000	
合计	21 000	合计	0

财务费用		
编号11	10 000	
合计	10 000	合计	0

应收账款		
	编号5	80 000
合计	0	合计	80 000

应交税费		
	编号6	17 000
编号9	1 700	
合计	1 700	合计	17 000

主营业务收入		
	编号6	100 000
合计	0	合计	100 000

营业外收入		
	编号1	2 000
合计	0	合计	2 000

应付职工薪酬		
编号10	25 000	
合计	25 000	合计	0

第二步，根据科目汇总表工作底稿编制科目汇总表，如表2所示。

▼表2▼

科 目 汇 总 表

2016年9月1日至10日 　　　　　　　　　　　科汇字第01号

会计科目	借方发生金额	贷方发生金额	过　　　账
库存现金	12 000	5 000	
银行存款	197 000	76 700	
应收账款	0	80 000	
其他应收款	3 000	2 000	
财务费用	10 000	0	
原材料	10 000	0	
主营业务收入	0	100 000	
营业外收入	0	2 000	
销售费用	21 000	0	
管理费用	3 000	0	
应付职工薪酬	25 000	0	
应交税费	1 700	17 000	
合　　　计	282 700	282 700	

编制科目汇总表的作用是可以对总分类账进行汇总登记。根据科目汇总表登记总分类账时，只需要将科目汇总表中有关各科目的本期借、贷方发生额合计数，分次或月末一次记入相应总分类账的借方或贷方即可。这样，可以大大减少登记总分类账的工作量。值得注意的是，科目汇总表的编号以"科汇字第×号"按月连续编号。

d. 科目汇总表会计核算程序的特点和适用范围

科目汇总表会计核算程序的主要特点是：定期把会计期间内所有的记账凭证按相同科目（账户）加以汇总，编制一张包括全部账户的科目汇总表，并据以登记总分类账。科目汇总表是对记账凭证的汇总，因而也称为记账凭证汇总表。

科目汇总表会计核算程序可以减轻登记总分类账的工作量，手续比较简便；同时，科目汇总表又起到试算平衡的作用，便于发现账务处理中的错误。该会计核算程序一般适用于经济业务量较大、记账凭证较多的经济单位。

2.2.3　汇总记账凭证会计核算程序及特点

a. 汇总记账凭证会计核算程序下会计凭证和账簿的设置

（a）会计凭证的设置

在手工会计阶段，采用汇总记账凭证会计核算程序时，记账凭证采用收款凭证、付款凭证和转账凭证等专用记账凭证。

（b）会计账簿的设置

汇总记账凭证会计核算程序下，需要设置库存现金日记账、银行存款日记账、总分类账和明细分类账。库存现金日记账、银行存款日记账和总分类账均可采用三栏式；明细分类账可以根据需要采用三栏式、数量金额式或多栏式。

b. 汇总记账凭证会计核算程序的基本步骤

第一步，经济业务发生后，根据原始凭证或原始凭证汇总表填制收款凭证、付款凭证和转账凭证；

第二步，根据收款凭证、付款凭证逐笔登记库存现金日记账和银行存款日记账；

第三步，根据转账凭证及所附的原始凭证逐笔登记各种明细分类账；

第四步，根据各种记账凭证编制有关汇总记账凭证；

第五步，根据各种汇总记账凭证登记总分类账；

第六步，月末，将库存现金日记账、银行存款日记账的余额，以及各总分类账所属的明细分类账余额之和，分别与其总分类账的余额进行核对；

第七步，根据总分类账和明细分类账提供的数据资料编制会计报表。

c. 汇总记账凭证会计核算程序的特点和适用范围

（a）汇总记账凭证会计核算程序的主要特点

汇总记账凭证会计核算程序的特点是：根据各种记账凭证编制汇总记账凭证，再根据汇总记账凭证登记总分类账。

（b）记账凭证会计核算程序的适用范围

汇总记账凭证会计核算程序下，汇总记账凭证的编制工作比较复杂，不便于掌握，但可以减轻登记总分类账的工作量。在手工会计阶段，该核算程序因适用于规模大，且经济业务量繁多的经济单位。

2.3　会计电算化对会计核算程序的影响

会计核算程序是指在对会计凭证、会计账簿选择的基础上，进行会计数据的记录、归类、汇总及提供会计信息的步骤和方法。随着社会经济和科学技术的发展，特别是现代信息技术在会计中的运用，在手工会计下适用于大中型企业的会计核算程序已被淘汰出局。

如前所述，不同的会计核算程序尽管有这样那样的差异，但最主要的差异是总分类账的登记依据和方法的不同。多栏式日记账会计核算程序和日记总账会计核算程序是手工会计条件下,业务简单的小型企业采用的核算程序。我国实行经济体制改革后,特别是1992年制定并实施会计准则后,由于会计核算内容的复杂和会计科目的增加,如继续使用这两种核算程序,则使多栏式日记账、日记总账的栏目大为增加、面积大为增大而失去其使用价值。汇总记账凭证会计核算程序,是业务繁多的大型企业为便于分工登记总账而采用的一种核算程序。实行会计电算化后,账簿的登记工作由电脑取代了人工,汇总记账凭证会计核算程序也就完成了它的历史使命。

无论是手工处理会计业务,还是实施电算化,会计核算程序是不可能被取消的。实行会计电算化后,会计人员根据原始凭证在电脑上填制电子记账凭证,其后由电脑自动完成账簿的登记工作,电算化运用核算程序,仍可称之为"记账凭证会计核算程序"。会计核算程序在这里完成了一个由简单到复杂再到简单的历史回归。

那么,如果小微企业仍采用手工方式处理会计业务的话,至少有记账凭证会计核算程序和科目汇总表会计核算程序可供选择。企业的经济业务如果不多,可以选择记账凭证会计核算程序,企业的经济业务如较多,也可以选择科目汇总表会计核算程序。

专题四

企业基本业务的会计处理

学习目标

1. 进一步了解制造业企业的生产经营过程及资金运动情况。
2. 掌握制造业企业基本业务环节的主要核算内容。
3. 掌握制造业企业各业务环节主要设置的账户和借贷记账法。

1 筹资过程基本经济业务的会计处理

1.1 知识要素

资金是企业从事生产经营活动的物质基础,企业若要维持正常的生产经营活动,必须拥有一定数额的资金。企业的资金一是来自企业所有者的投入,二是向债权人借入。前者形成企业的实收资本或股本(股份有限公司称之为股本),是企业所有者权益的主要构成部分,后者形成企业的负债。

1.1.1 投入资本的会计处理

企业的投资者应按照企业章程、合同或协议的约定,向企业投资。投入的资金构成企业的实收资本或股本。它是保证企业正常经营的必要条件,也是企业承担经营风险的物质保证。投资者可以以货币、实物资产、无形资产等资产向企业投资。企业接受的投资者投入的资本金,除企业章程、合同或协议有明确规定外,不得被随意抽回。

为了反映投资者的投资情况,企业应设置"实收资本"账户。该账户属于所有者权益类账户,贷方登记所有者投入的资本额,借方登记企业按法定程序报经批准减少的资本额,期末余额在贷方,表示期末投入资本的实有数额。该账户应按投资者设置明细账,组织明细核算。

1.1.2 借入资本的会计处理

为保持合理的资本结构以及应付资金周转的临时需要,企业的一部分资金需要以负债的方式取得。企业借入的资本主要来源于银行或其他金融机构的各种借款。企业的借款按偿还期的不同,可分为短期借款和长期借款两种。

为了反映短期借款的取得、偿还及借款利息的发生与支付情况,企业应设"短期借款"、"财务费用"、"应付利息"等账户。

a. "短期借款"账户

该账户属于负债类账户,用来核算企业向银行或其他金融机构借入的偿还期限在1年以内(含1年)的各种借款的增减变动及其结余情况。该账户的贷方登记取得的短期借款,借方登记到期偿还的短期借款,期末余额在贷方,表示期末尚未偿还的短期借款。该账户应按债权人设置明细账,并按借款种类进行明细核算。

短期借款的利息属于期间费用,按照权责发生制会计基础预提利息费用时,还应使用"应付利息"账户。该账户属于负债类账户,贷方登记应付未付的借款或债券的利息,借方登记实际支付的利息,期末余额在贷方,反映企业应付未付利息的余额。分期付息到期还本的长期借款和企业债券的应付利息也在该账户核算。

b. "财务费用"账户

该账户属于费用类账户,用来核算企业为筹集生产经营所需资金而发生的各种筹资费用。"财务费用"账户的借方登记发生的利息支出、手续费、汇兑损失,贷方登记取得的利息收入、汇兑收益以及期末结转"本年利润"账户的财务费用净额(即借方发生额大于贷方发生额的差额,如为贷方发生额大于借方发生额的差额,应从该账户的借方转入"本年利润"账户的贷方),结转后该账户期末无余额。

为了反映长期借款的取得、偿还及结欠情况,企业应设置"长期借款"账户。该账户属于负债类账户,用来核算企业向银行或其他金融机构借入的偿还期限在 1 年以上的各种借款的增减变动及利息结算情况。贷方登记取得的长期借款和已发生的应付而未付的利息,借方登记到期偿还的长期借款的本金和实际支付的利息,期末余额在贷方,表示期末尚未偿还的长期借款的本金和利息。该账户应按贷款单位设置明细账,并按贷款种类进行明细核算。

1.2 实践项目

1.2.1 企业筹资过程的基本业务

[业务 4.1]企业收到某投资人投资 200 000 元,款项存入银行。

[业务 4.2]企业收到某投资人作为投资投入的新设备一台,投资双方确认的价值为 300 000 元,设备已交付使用。

[业务 4.3]某投资人以一项专利技术投资,投资双方确认的价值为 250 000 元。

[业务 4.4]企业于 7 月 1 日由银行取得一笔期限为 3 个月的 100 000 元借款,年利率为 3.6%,季末计息付息。

[业务 4.5]企业为购置设备由银行借入期限为 3 年的一笔借款 300 000 元,款项已存入银行。

1.2.2 项目要求

学生对上述筹资过程发生的基本经济业务作出会计处理,即编制记账凭证(若已掌握记账凭证的编制方法,为节省时间,也可以编写会计分录)。

1.2.3 业务分析及处理结果

[业务 4.1]该经济业务的发生,引起企业银行存款和实收资本的同时增加。银行存款属于企业的资产,该资产的增加应记入"银行存款"账户的借方。实收资本属于企业的所有者权益,该所有者权益的增加应记入"实收资本"账户的贷方。故该经济业务的发生,应作如下会计分录:

借:银行存款 200 000
　贷:实收资本 200 000

[业务 4.2]该经济业务的发生,引起企业固定资产和实收资本的同时增加。固定资产属于企业的资产,该资产的增加应记入"固定资产"账户的借方。实收资本的增加,应记入"实收资本"账户的贷方。故该经济业务的发生,应作如下会计分录:

借:固定资产 300 000
　贷:实收资本 300 000

[业务 4.3]该经济业务的发生,引起企业无形资产和实收资本的同时增加。无形资

产属于企业的资产,该资产的增加应记入"无形资产"账户的借方。实收资本的增加,应记入"实收资本"账户的贷方。故该经济业务的发生,应作如下会计分录:

借:无形资产   250 000

  贷:实收资本   250 000

[业务 4.4]对该业务的分析及账务处理如下:企业 7 月 1 日取得借款时,引起企业银行存款和短期借款的同时增加。银行存款为企业的资产,增加时应记入"银行存款"账户的借方。短期借款为企业的负债,增加时应记入"短期借款"账户的贷方。故企业取得短期借款时,应作如下会计分录:

借:银行存款   100 000

  贷:短期借款   100 000

7 月月末,企业为了反映本月已发生的利息费用,按照权责发生制计提借款利息 300 元($100\,000 \times 3.6\% \div 12$)。该经济业务的发生,引起企业利息费用和应付利息的同时增加。短期借款利息属于企业的期间费用,该费用的增加应记入"财务费用"账户的借方。应付利息为企业的负债,该负债的增加应记入"应付利息"账户的贷方。故企业 7 月月末计提短期借款利息时,应作如下会计分录:

借:财务费用   300

  贷:应付利息   300

8 月月末与 9 月月末计提利息费用时,应作与上相同的会计分录。

9 月 30 日,企业以银行存款支付借款本金 100 000 元和 3 个月的借款利息 900 元,该经济业务的发生,引起企业短期借款、应付利息与银行存款的同时减少。短期借款和应付利息为企业的负债,减少额应分别记入"短期借款"和"应付利息"账户的借方,银行存款为企业的资产,该资产的减少应记入"银行存款"账户的贷方。故企业归还短期借款本息时,应作如下会计分录:

借:短期借款   100 000

   应付利息   900

  贷:银行存款   100 900

[业务 4.5]该经济业务的发生,引起企业银行存款和长期借款的同时增加。银行存款为企业的资产,该资产的增加应记入"银行存款"账户的借方。长期借款为企业的负债,该负债的增加应记入"长期借款"账户的贷方。故企业取得该项借款时,应作如下会计分录:

借:银行存款   300 000

  贷:长期借款   300 000

企业归还长期借款时,作与上借贷方向相反的会计分录。

长期借款利息的核算比较复杂,简而言之,企业因购建固定资产取得的长期借款,其利息若是在工程达到预定使用状态之前发生的,应记入"在建工程"账户,计入工程成本;若是在工程达到预定使用状态及交付使用后发生的,应记入"财务费用"账户,计入期间费用。企业因经营活动发生的长期借款的利息,属于期间费用,记入"财务费用"账户。有关长期借款利息的核算,一般在《中级会计实务》教材中作详细说明。

2　投资与采购过程基本业务的会计处理

2.1　知识要素

制造业企业要进行产品的生产,除必须拥有一定技术和一定数量的劳动者外,还必须拥有一定品质和一定数量的生产资料,即劳动资料和劳动对象。前者包括厂房、设备等固定资产和工具、仪器等低值易耗品,后者包括各种材料。这里主要阐述企业固定资产购置即内部投资的核算和材料采购业务的核算。

2.1.1　固定资产购置业务的会计处理

企业的固定资产是指为生产商品、提供劳务、出租或经营管理而持有、使用年限超过1年、单位价值较高的有形资产。

企业的固定资产主要通过外购、自行建造、投资人投入等方式取得。企业固定资产的来源方式不同,其成本的构成及确认方法也就有所不同。外购固定资产的成本,包括购买价格、相关税费、运杂费、专业人员服务费等。需要安装的固定资产还应包括安装调试费。自行建造的固定资产,其成本由建造过程发生的工程成本所构成。对于以借款为资金来源的固定资产,其成本还应包括固定资产达到预定使用状态前所发生的借款利息支出。对于投资人投入、债务重组等来源形成的固定资产,其成本应按双方协商确认的价值入账。

为了反映固定资产的工程成本、原始价值及折旧情况,企业应设置"工程物资"、"在建工程"、"固定资产"、"累计折旧"等账户。

(1)"工程物资"账户。该账户属于资产类账户,用来核算企业为在建工程准备的各种物资的成本。借方登记企业购入的工程物资的成本,贷方登记领用工程物资的成本。期末余额在借方,反映企业期末库存在建工程物资的成本。该账户应按工程物资的类别及品种设置明细账,组织明细核算。

(2)"在建工程"账户。该账户属于资产类账户,用来核算企业房屋建筑、设备安装等工程成本。借方登记企业各项在建工程发生的实际成本,贷方登记工程达到预定使用状态时转出的完工工程的成本。期末余额在借方,反映期末未完工程的实际成本。该账户应按单项工程及单位工程设置明细账,组织明细核算。

(3)"固定资产"账户。该账户属于资产类账户,用来核算企业固定资产的原始价值。借方登记固定资产原始价值的增加额,贷方登记固定资产原始价值的减少额。期末余额在借方,反映期末企业固定资产的原始价值。该账户应按固定资产的类别及项目设置明细账,组织明细核算。

2009 年 1 月 1 日,我国实行增值税转型改革后,企业构建生产用固定资产发生的进项税额,可以从销项税额中抵扣。增值税应通过"应交税费"账户核算。"应交税费"账户属于负债类账户,用来核算企业按照税法等规定应缴纳的各种税费。该账户的贷方登记增值税的销项税额、出口退税和应交未交的其他税费,借方登记增值税的进项税额、已交税费和已交的其他税费。该账户的余额一般在贷方,反映企业尚未缴纳的各种税费;期末余额若在借方,反映企业多交或尚未抵扣的税费。该账户应按应交税费的种类设置明细账,组织明细核算。

2.1.2 材料采购业务的会计处理

企业的库存材料按实际成本计价核算时,为进行材料采购业务的核算应设置"在途物资"、"原材料"、"应付账款"、"预付账款"、"应交税费"等账户。

(1)"在途物资"账户。在途物资是指企业已经付款但尚未运达或已运达而尚未验收入库的外购货物,包括原材料、商品等。为了反映在途物资的发生、收回和结存情况,应设置"在途物资"账户。该账户属于资产类账户,借方登记在途物资的发生额,贷方登记在途物资验收入库额,期末余额在借方,表示期末结存的在途物资额。该账户应按货物供应单位或经办采购人员设置明细账,进行明细核算。

(2)"原材料"账户。该账户属于资产类账户,用来核算企业库存材料的收入、发出和结存情况。该账户的借方登记入库材料的成本,贷方登记发出材料的成本,期末余额在借方,表示期末库存材料的结存数。该账户应按材料的类别、品种、规格设置明细账,进行明细核算。

(3)"应付账款"账户。应付账款是企业因采购材料物资和接受劳务而应付给供应单位的款项。为了反映应付账款的发生和结算情况,应设置"应付账款"账户。该账户属于负债类账户,贷方登记应付账款的发生额,借方登记应付账款结算减少额,期末余额在贷方,表示期末尚未结算归还的应付账款额。该账户应按供应单位设置明细账,组织明细核算。

(4)"预付账款"账户。预付账款是企业按照合同规定向供货方预付的货款。为了反映预付账款的发生和结算情况,应设置"预付账款"账户。该属于资产类账户,借方登记实际预付的金额和补付的金额,贷方登记应付的金额和收回多预付的金额,期末余额在借方或者在贷方,借方余额反映企业实际预付的金额或应收回的多预付的金额,贷方余额反映企业尚未补付的金额。本账户应按照供货单位设置明细账,进行明细核算。

(5)"应交税费"账户的设置和使用,在前面已作说明,这里不再赘述。

2.2 实践项目

2.2.1 企业投资与采购过程基本经济业务

[业务 4.6]企业购入一台不需要安装的设备,价款 20 000 元,增值税额为 3 400 元,运杂费 300 元,款项以银行存款支付,设备已交付使用。

[业务 4.7]企业 5 月 5 日购入一台需要安装的设备,价款 50 000 元,增值税额为 8 500 元,运杂费 500 元,款项以银行存款支付,设备交专业安装公司安装。5 月 6 日,设备安装完毕,验收合格并交付生产使用,以银行存款支付安装费 6 000 元(相关税费略去)。

[业务 4.8]企业由本市购入 A 材料一批,货款 30 000 元,增值税额 5 100 元,材料已

验收入库,发票等结算凭证已收到,货款已由银行存款支付。

[业务 4.9]企业向外地某单位购买 B 材料一批,货款 50 000 元,增值税额 8 500 元。5 月 7 日,收到发票等结算凭证,以银行存款支付货款。5 月 15 日,收到 B 材料并验收入库。

[业务 4.10]企业向外地某单位购买 C 材料一批,货款 10 000 元,增值税税率为 17%。5 月 9 日,材料到达企业并验收入库。5 月 16 日,收到发票等结算凭证,款项以银行存款支付。

[业务 4.11]企业 5 月 21 日按照合同规定预先向供货方支付货款 60 000 元。6 月 3 日,收到材料,货款 50 000 元,增值税额 8 500 元。6 月 4 日,收到银行收款通知,供货方退回剩余货款 1 500 元。

2.2.2　项目要求

学生对上述企业投资与采购过程的基本经济业务作出会计处理,即编制记账凭证(若已熟练掌握会计凭证的编制方法,为节省时间,也可编写会计分录)。

2.2.3　业务分析及处理结果

[业务 4.6]该业务的发生,引起企业固定资产的增加和银行存款的减少。固定资产为企业的资产,该资产的增加,应记入"固定资产"账户的借方。银行存款为企业的资产,该资产的减少,应记入"银行存款"账户的贷方。故该经济业务的发生,应作如下会计分录:

借:固定资产　　　　　　　　　　　　　　　　　　　　　20 300
　　应交税费——应交增值税(进项税额)　　　　　　　　　3 400
　　贷:银行存款　　　　　　　　　　　　　　　　　　　　23 700

[业务 4.7]对该经济业务的分析及账务处理如下:企业购入需要安装设备,支付货款并交付安装时,引起企业在建工程的增加和银行存款的减少。在建工程为企业的资产,该资产的增加,应记入"在建工程"账户的借方。银行存款为企业的资产,该资产的减少,应记入"银行存款"账户的贷方。故该经济业务的发生,应作如下会计分录:

借:在建工程　　　　　　　　　　　　　　　　　　　　　50 500
　　应交税费——应交增值税(进项税额)　　　　　　　　　8 500
　　贷:银行存款　　　　　　　　　　　　　　　　　　　　59 000

企业支付安装费时,引起企业在建工程的增加和银行存款的减少。同上笔经济业务的情况基本相同。故该经济业务的发生,应作如下会计分录:

借:在建工程　　　　　　　　　　　　　　　　　　　　　6 000
　　贷:银行存款　　　　　　　　　　　　　　　　　　　　6 000

设备安装完工,验收后交付使用时,引起"企业固定"资产的增加和在建工程的减少。固定资产为企业的资产,该资产的增加,应记入"固定资产"账户的借方。在建工程也为企业的资产,该资产的减少,应记入"在建工程"账户的贷方。故该经济业务的发生,应作如下会计分录:

借：固定资产　　　　　　　　　　　　　　　　　　　　　　　　56 500
　　贷：在建工程　　　　　　　　　　　　　　　　　　　　　　　　　56 500

[业务 4.8]该经济业务的发生，引起企业的原材料和进项税额的增加，银行存款的减少。原材料属于企业的资产，该资产的增加应记入"原材料"账户的借方，增加的进项税额意味着已交税费的增加，应记入"应交税费——应交增值税（进项税额）"账户的借方。银行存款作为企业的资产，其减少应记入"银行存款"账户的贷方。故该业务的发生，应作如下会计分录：

借：原材料　　　　　　　　　　　　　　　　　　　　　　　　　30 000
　　应交税费——应交增值税（进项税额）　　　　　　　　　　　　5 100
　　贷：银行存款　　　　　　　　　　　　　　　　　　　　　　　　35 100

[业务 4.9]这是一笔企业先付款，后收货的业务。对该经济业务的分析及账务处理如下：5 月 7 日，企业支付货款，但材料尚未到达，该业务的发生引起企业在途物资和进项税额的增加，银行存款的减少。在途物资为企业的资产，该资产增加应记入"在途物资"账户的借方，增加的进项税额应记入"应交税费——应交增值税（进项税额）"账户的借方，银行存款作为企业的资产，其减少应记入"银行存款"账户的贷方。故该业务的发生，应作如下会计分录：

借：在途物资　　　　　　　　　　　　　　　　　　　　　　　　50 000
　　应交税费——应交增值税（进项税额）　　　　　　　　　　　　8 500
　　贷：银行存款　　　　　　　　　　　　　　　　　　　　　　　　58 500

5 月 15 日，B 材料到达，验收入库，引起企业 B 材料的增加，在途物资的减少。B 材料作为企业的资产，其增加额应记入"原材料"账户的借方。在途物资作为企业的资产，其减少额应记入"在途物资"账户的贷方。故该业务的发生，应作如下会计分录：

借：原材料　　　　　　　　　　　　　　　　　　　　　　　　　50 000
　　贷：在途物资　　　　　　　　　　　　　　　　　　　　　　　　50 000

[业务 4.10]这是一笔企业先收货，后付款的业务。对该经济业务的分析及账务处理如下：5 月 9 日，企业 C 材料验收入库，货款未付。该业务引起企业的原材料和增值税进项税额以及应付账款的同时增加。原材料属于企业的资产，该资产的增加应记入"原材料"账户的借方。增加的进项税额应记入"应交税费——应交增值税（进项税额）"账户的借方。应付账款属于企业的负债，该负债的增加应记入"应付账款"账户的贷方。故该经济业务发生，应作如下会计分录：

借：原材料　　　　　　　　　　　　　　　　　　　　　　　　　10 000
　　应交税费——应交增值税（进项税额）　　　　　　　　　　　　1 700
　　贷：应付账款　　　　　　　　　　　　　　　　　　　　　　　　11 700

5 月 16 日，企业支付货款。该业务引起企业的应付账款和银行存款的同时减少。应付账款作为企业的负债，其减少额应记入"应付账款"账户的借方。银行存款作为企业的资产，其减少额应记入"银行存款"账户的贷方。故该经济业务的发生，应作如下会计分录：

借：应付账款		11 700
贷：银行存款		11 700

［业务 4.11］这是一笔先预付货款，后收取货物的业务。对该经济业务的分析及账务处理如下：5 月 21 日，企业预付货款，则引起企业的预付账款的增加和银行存款的减少。预付账款作为企业的资产，增加额应记入"预付账款"账户的借方。银行存款作为企业的资产，减少额应记入"银行存款"账户的贷方。故该经济业务的发生，应作如下会计分录：

借：预付账款	60 000
贷：银行存款	60 000

6 月 3 日，企业收到材料，买价为 50 000 元，增值税进项税额为 8 500 元。该业务的发生引起企业的原材料和增值税进项税额的同时增加，预付账款的减少。原材料属于企业的资产，该资产的增加，应记入"原材料"账户的借方，增加的进项税额应记入"应交税费——应交增值税（进项税额）"账户的借方，预付账款属于企业的资产，该资产的减少应记入"预付账款"账户的贷方。故该经济业务的发生，应作如下会计分录：

借：原材料	50 000
应交税费——应交增值税（进项税额）	8 500
贷：预付账款	58 500

6 月 4 日，企业收回多预付的货款。该业务引起企业银行存款的增加，预付账款的减少。减少的预付账款，应记入"预付账款"账户的贷方。增加的银行存款，应记入"银行存款"账户的借方。故该经济业务的发生，应作如下会计分录：

借：银行存款	1 500
贷：预付账款	1 500

3 生产过程基本业务的会计处理

3.1 知识要素

制造业企业的主要经济活动就是以自制的产品（或劳务）提供给社会从而获取利润，因而产品的生产是制造业企业的基本经济活动。产品的生产过程也是生产的耗费过程。企业在生产产品的同时，要发生各种各样的生产耗费，包括劳动资料、劳动对象及劳动力的耗费。制造业企业在生产过程中发生的、以货币形式表现的生产耗费就是生产费用。这些费用最终都要归集、分配到一定种类的产品上去，从而形成各种产品的生产成本。生产费用的发生、归集和分配，以及产品成本的计算，是产品生产过程核算的主要内容。

产品成本一般由材料费用、人工费用和制造费用构成。生产费用按照费用归集方式的不同，可以分为直接生产费用和间接生产费用。直接生产费用是指企业为生产某一产品或提供某一劳务实际消耗的费用。直接生产费用可以直接计入其产品成本,如直接材料、直接人工及其他直接费用。间接生产费用是指企业为生产多种产品或多种劳务而发生的费用。该费用需要单独归集,归集后再在相关产品或劳务中分配,计入各产品或劳务的成本。间接生产费用,在制造业称为制造费用。

3.1.1 材料费用的会计处理

为了归集产品生产过程中所发生的应计入产品成本的直接材料、直接人工、分配转入的制造费用并确定产品的实际生产成本,企业应设置"生产成本"账户。该账户为成本类账户,借方登记应计入本期产品生产成本的直接费用和分配转入的制造费用,贷方登记期末结转的完工产品的实际成本。期末如有余额,应在借方,表示期末在产品的生产成本。该账户应按成本对象设置明细账,进行明细核算。

为了归集和分配企业在车间范围内发生的各项间接费用,如生产车间管理人员的工资及福利费、生产用固定资产的折旧费及修理费、车间办公费及水电费等费用,企业应设置"制造费用"账户。该账户为成本类账户,借方登记本月发生的各种制造费用,贷方登记月末按一定标准分配结转给各产品负担的制造费用。该账户月末一般无余额。该账户一般按生产车间设置明细账,按费用项目设立专栏。

企业生产过程中发生的直接材料费用应记入"生产成本"账户,间接材料费用,如修理用材料费用应记入"制造费用"账户。

3.1.2 人工费用的会计处理

企业发生的人工费用即职工薪酬包括:职工工资、奖金、津贴和补贴;职工福利费、医疗保险费、工伤保险费、生育保险费等社会保险费;住房公积金;工会经费和职工教育经费;因解除与职工的劳动关系给予的补偿以及其他与获得职工提供的服务相关的支出。

为反映企业因负担人工费用而形成的负债,企业应设置"应付职工薪酬"账户。该账户属于负债类账户,贷方登记企业应付未付的各项人工费用的金额,借方登记企业实际支付的各项人工费用的金额,该账户期末一般无余额。该账户应按照人工费用的构成项目设立明细账,进行明细核算。

企业在日常经营活动中发生的人工费用,应按员工的工作性质进行分配。属于产品生产直接生产工人的薪酬,应记入"生产成本"账户;属于车间管理人员和间接生产工人的薪酬,应记入"制造费用"账户;属于企业行政管理人员的薪酬,应记入"管理费用"账户;属于企业专设销售部门人员的薪酬,应记入"销售费用"账户。

3.1.3 制造费用的会计处理

制造费用是企业为了生产产品和提供劳务而发生的各项间接费用。制造费用在发生时因不能直接判定其应归属的成本对象,也就不能直接计入产品成本,而要先予以归集汇总,然后再选择一定的标准在各产品之间进行分配。因此,制造费用的核算应分为制造费用的归集和分配两个阶段。

3.1.3.1 制造费用的归集

应计入制造费用的材料费、人工费的会计处理方法,前面已作说明。下面仅说明计入制造费用的固定资产折旧费用的会计处理方法。

　　企业在产品生产过程中,必须使用机器、厂房等劳动资料。这些劳动资料作为企业的固定资产,在使用过程中其价值会因有形损耗或无形损耗而逐渐减少。其减少的价值称为固定资产折旧。固定资产折旧额的计算方法,有年限平均法、工作量法、加速折旧法(双倍余额递减法和年数总和法)。这里重点介绍小企业主要采用的年限平均法和工作量法。

　　(1)年限平均法是指将固定资产的全部折旧额在固定资产预计使用期内平均分摊的一种折旧方法。采用该方法计算折旧,每期的折旧额是相等的,故该方法又称直线法。年限平均法适用于使用期内折旧发生比较均衡的固定资产的折旧的计算。下面举例说明年限平均法的使用。

　　企业一栋厂房的原始价值为 8 000 000 元,预计使用年限为 20 年,预计报废时的净残值率为 2%。该厂房折旧率和折旧额的计算如下:

$$年折旧率 = (1 - 预计净残值率) \div 预计使用年限$$
$$= (1 - 2\%) \div 20 = 4.9\%$$
$$月折旧率 = 4.9\% \div 12 = 0.41\%$$
$$月折旧额 = 8\ 000\ 000 \times 0.41\% = 32\ 800(元)$$

　　(2)工作量法是指按各期实际完成工作量和预计单位工作量折旧额计算各期应提折旧额的一种折旧方法。该方法适用于单位价值较高而使用又不均衡的固定资产折旧的计算。下面举例说明工作量法的使用。

　　企业一台设备的原始价值为 240 000 元,预计总工作量为 6 000 工时,预计报废时的净残值率为 5%,本月实际完成工作量为 120 工时。该设备本月折旧额的计算如下:

$$预计单位工作量折旧额 = 固定资产原价 \times (1 - 预计净残值率) \div 预计总工作量$$
$$= 240\ 000 \times (1 - 5\%) \div 6\ 000$$
$$= 38(元 / 工时)$$
$$本月折旧额 = 120 \times 38 = 4\ 560(元)$$

　　为了正确地计算费用和成本,企业应按月计提固定资产折旧。为了简化工作,当月增加的固定资产,当月可不计提折旧,下月计提;当月减少的固定资产,当月可照提折旧,下月停提。已提足折旧继续使用的固定资产、单独计价入账的土地和持有待售的固定资产不计提折旧。提前报废的固定资产,不补提折旧。

　　因"固定资产"账户需要反映固定资产原值的增减变动和结存情况,故需要设置专门的账户用来反映企业固定资产的折旧情况。"累计折旧"账户就是用来反映企业现有固定资产的已提折旧情况的账户。该账户的贷方登记已计提的固定资产折旧额,借方登记因固定资产处置或盘亏而冲销的已提折旧额,该账户的期末余额在贷方,表示期末结存固定资产的累计折旧额。

3.1.3.2　制造费用的分配

　　为了加强制造费用的管理,企业对发生的制造费用一般单独进行归集。制造费用是企业产品生产成本的重要组成部分,在月末计算产品成本时,应将制造费用在各产品之间进行分配,并转入各产品成本。制造费用的分配比例有多种,如产品的生产工人工资比例、生产工人工时比例、机器工时比例、耗用原材料数量或成本比例、产品产量比例等。企

业可以根据费用的性质选择分配标准。如按照生产工人工时比例分配时,其计算方法如下:

$$制造费用分配率 = 制造费用总额 \div 生产工时合计$$
$$某产品应分配的制造费用 = 该产品耗用的生产工时数 \times 制造费用分配率$$

3.1.4 完工产品成本的结转

制造费用在各种产品之间分配后,"生产成本"账户的借方则归集了全部的生产费用。如果月末产品全部完工,归集在"生产成本"账户借方的生产费用,就是本月完工产品的总成本;如果月末产品全未完工,归集在"生产成本"账户借方的生产费用,均为在产品的成本;如果月末产品部分完工,归集在"生产成本"账户借方的生产费用需要采用适当的分配方法,在完工产品和在产品之间进行分配,计算出完工产品的成本。月末,完工产品应入库,其成本由"生产成本"账户转入"库存商品"账户。

为了反映企业库存产品的收发和结存情况,企业应设置"库存商品"账户。该账户为资产类账户,借方登记已完工验收入库产品的实际成本,贷方登记发出产品的实际成本,期末余额在借方,表示期末库存产品的实际成本。该账户应按产品品种、规格或类别设置明细账,组织明细核算。

3.2 实践项目

3.2.1 企业生产过程基本业务

[业务 4.12]企业本月根据领料单编制的发出材料汇总表,如表 4-1 所示。

▼表 4-1▼

发出材料汇总表　　　　　　　　　金额单位:元

项　　目	A 材料			B 材料			C 材料			合计
	数量(件)	单价	金额	数量(件)	单价	金额	数量(件)	单价	金额	
甲产品耗用	5 000	20	100 000	2 000	10	20 000	1 000	15	15 000	135 000
车间一般耗用							200	15	3 000	3 000
合　　计	5 000	—	100 000	2 000	—	20 000	2 150	—	18 000	138 000

[业务 4.13]企业本月所发生的职工薪酬为 80 000 元,其中直接生产工人的薪酬为 48 000 元,车间管理人员的薪酬为 12 000 元,企业行政部门人员薪酬为 20 000 元。

[业务 4.14]企业本月固定资产计提折旧 21 000 元,其中生产车间的固定资产应计提折旧 10 000 元,管理部门的固定资产应计提折旧 11 000 元。

[业务 4.15]企业通过银行转账支付本月生产车间的固定资产修理费 5 000 元,水电费 3 000 元。

[业务 4.16]本月发生的制造费用为 33 000 元,月末转入"生产成本"账户,计入甲产品成本。

[业务 4.17]企业本月生产的甲产品全部完工,结转完工入库产品的实际成本 216 000 元。

3.2.2 项目要求

学生对上述企业生产过程基本业务作出会计处理,即编制记账凭证(若已熟练掌握记账凭证的编制方法,为节省时间,也可以编写会计分录)。

3.2.3 业务分析及处理结果

[业务 4.12]该经济业务的发生,引起企业生产成本和制造费用同时增加,原材料减少。生产成本和制造费用作为企业的成本费用,增加额应分别记入"生产成本"和"制造费用"账户的借方。原材料属于企业的资产,其减少额应记入"原材料"账户的贷方。故该经济业务的发生,应作如下会计分录:

借:生产成本——甲产品	135 000
制造费用	3 000
贷:原材料——A 材料	100 000
——B 材料	20 000
——C 材料	18 000

[业务 4.13]该经济业务的发生,引起企业的生产成本、制造费用、管理费用与应付职工薪酬的同时增加。生产成本、制造费用、管理费用作为企业的成本费用,增加额应分别记入"生产成本"、"制造费用"和"管理费用"账户的借方。应付职工薪酬属于企业的负债,其增加额应记入"应付职工薪酬"账户的贷方。故该经济业务的发生,应作如下会计分录:

借:生产成本	48 000
制造费用	12 000
管理费用	20 000
贷:应付职工薪酬	80 000

[业务 4.14]该经济业务的发生,使企业的制造费用、管理费用和固定资产的累计折旧同时增加。制造费用、管理费用作为企业的成本费用,其增加额应记入"制造费用"、"管理费用"账户的借方。累计折旧的增加,意味着固定资产价值的减少,所以累计折旧的增加同固定资产的减少记入账户的方向相同,即应记入"累计折旧"账户的贷方。故该项经济业务的发生,应作如下会计分录:

借:制造费用	10 000
管理费用	11 000
贷:累计折旧	21 000

[业务 4.15]该经济业务的发生,使企业的制造费用增加,银行存款减少。制造费用作为企业的成本费用,其增加额应记入"制造费用"账户的借方。银行存款为企业的资产,其减少额应记入"银行存款"账户的贷方。故该项经济业务发生,应作如下会计分录:

借:制造费用	8 000
贷:银行存款	8 000

[业务4.16]月末结转制造费用,使企业的"生产成本"账户的成本费用额增加,"制造费用"账户的成本费用额减少。生产成本和制造费用均属于企业的成本,增加额应记入"生产成本"账户的借方,减少额应记入"制造费用"账户的贷方。故该项经济业务的发生,应作如下会计分录:

借:生产成本——甲产品   33 000
  贷:制造费用   33 000

[业务4.17]结转完工入库产品的成本,使企业的库存商品增加,在产品减少。库存商品作为企业的资产,其增加额应记入"库存商品"账户的借方。在产品减少,其减少额应记入"生产成本"账户的贷方。故该经济业务的发生,应作如下会计分录:

借:库存商品——甲产品   216 000
  贷:生产成本——甲产品   216 000

根据甲产品成本明细账的资料,可编制产品成本计算表,如表4-2所示。

▼表4-2▼

甲产品成本计算表

产量300件   单位:元

成本项目	总成本	单位成本
直接材料	135 000	450
直接人工	48 000	160
制造费用	33 000	110
合　计	216 000	720

4　销售过程基本业务的会计处理

4.1　知识要素

销售过程是企业产品价值的实现过程,也是企业生产经营活动的最后阶段。在这一过程,企业需要确认销售收入、办理结算、收取货款、结转销售成本、支付销售费用、计算销售税金和确定销售成果。企业的销售业务按主次的不同来划分,可分为主营销售业务和其他销售业务两类。制造业企业的产品销售业务属于主营销售业务。制造业企业有时会销售多余材料,材料的销售属于制造业企业的其他销售业务。

4.1.1　产品销售业务的会计处理

为了进行产品销售业务的核算,企业应设置"主营业务收入"、"主营业务成本"、"税金及附加"、"应收账款"等账户。

制造业企业销售产品、提供工业性劳务取得的收入,是企业的主要营业收入。为了反映企业销售产品、提供工业性劳务所取得的收入,应设置"主营业务收入"账户。该账户属于收入类账户,贷方登记已确认的主营业务收入,借方登记期末转入"本年利润"账户的数额,以及发生销售退回和销售折让时应冲减的本期主营业务收入。期末结转后,本账户应无余额。该账户应按主营业务的种类设置明细账,组织明细核算。

为了反映企业销售产品、提供劳务等主营业务活动发生的实际成本,企业应设置"主营业务成本"账户。该账户属于费用类账户,借方登记已销售产品或已提供劳务的实际成本,贷方登记期末转入"本年利润"账户的数额。期末结转后,本账户应无余额。该账户应按主营业务的种类设置明细账,组织明细核算。

为了反映企业营业过程发生的税金(包括增值税、消费税、城市维护建设税等)及教育费附加,企业应设置"税金及附加"账户。该账户属于费用类账户,借方登记应由营业业务负担的税金及附加,贷方登记期末转入"本年利润"账户的数额。期末结转后,本账户应无余额。

为了反映企业因销售产品、提供劳务而形成的应收而未收回的款项,应设置"应收账款"账户。该账户属于资产类账户,借方登记应向购买单位收取的账款,贷方登记已收回的账款,期末余额通常在借方,表示期末尚未收回的账款。该账户应按购货单位设置明细账,组织明细核算。

除设置以上账户外,企业还应该根据实际需要,设置"预收账款"、"应收票据"、"应交税费"等账户。

4.1.2　其他销售业务的会计处理

制造业企业材料销售、代购代销、包装物出租等获取的收入,属于企业的其他销售业务收入,简称其他业务收入。

为了反映企业取得的其他业务收入,应设置"其他业务收入"账户。该账户属于收入类账户,贷方登记已确认的其他业务收入,借方登记期末转入"本年利润"账户的数额。期末结转后,本账户应无余额。该账户应按其他业务的种类设置明细账,组织明细核算。

为了反映企业销售材料、包装物出租等其他业务活动发生的相关成本,企业应设置"其他业务成本"账户。该账户属于费用类账户,借方登记销售材料、包装物出租等业务活动发生的相关成本,贷方登记期末转入"本年利润"账户的数额。期末结转后,本账户应无余额。该账户应按其他业务的种类设置明细账,组织明细核算。

4.2　实践项目

4.2.1　企业销售过程基本业务

[业务4.18]企业销售甲产品40件,单价1 000元,价款40 000元,增值税销项税额6 800元,款项已存入银行。

[业务4.19]企业销售甲产品50件,单价1 000元,价款50 000元,增值税销项税额8 500元,款项尚未收回。

[业务4.20]月末结转已销甲产品的实际成本为64 800元。

[业务4.21]企业销售A材料,价款10 000元,增值税销项税额1 700元,款项已存入

银行。

[业务 4.22]月末结转已销材料的实际成本 9 000 元。

[业务 4.23]企业计算出本月应交城市维护建设税 1 834 元和教育费附加 786 元。

4.2.2 项目要求

学生对上述企业销售过程基本业务作出会计处理,即编制记账凭证(若已熟练掌握记账凭证的编制方法,为节省时间,也可以编写会计分录)。

4.2.3 业务分析及处理结果

[业务 4.18]按照增值税法律的有关规定,增值税一般纳税人在销售商品收取货款的同时,应向购货人收取增值税。故该经济业务的发生,不仅使企业的银行存款、销售收入增加,还会使应交税费增加。银行存款作为企业的资产,增加额应记入"银行存款"账户的借方。产品销售收入作为企业的主营业务收入,增加额应记入"主营业务收入"账户的贷方。应交税费作为企业的负债,增加额应记入"应交税费"账户的贷方。故该经济业务的发生,应作如下会计分录:

```
借:银行存款                                    46 800
    贷:主营业务收入                            40 000
        应交税费——应交增值税(销项税额)         6 800
```

[业务 4.19]该项经济业务的发生,使企业的应收账款、主营业务收入和应交税费同时增加。应收账款作为企业的资产,增加额应记入"应收账款"账户的借方。主营业务收入和应交税费作为收入和负债的增加额应记入各自账户的贷方。故该经济业务的发生,应作如下会计分录:

```
借:应收账款                                    58 500
    贷:主营业务收入                            50 000
        应交税费——应交增值税(销项税额)         8 500
```

[业务 4.20]该项经济业务的发生,使企业主营业务成本增加,库存商品减少。产品销售成本作为企业的成本费用,增加额应记入"主营业务成本"账户的借方。库存商品作为企业的资产,减少额应记入"库存商品"账户的贷方。故该经济业务的发生,应作如下会计分录:

```
借:主营业务成本                                64 800
    贷:库存商品                                64 800
```

[业务 4.21]该项经济业务的发生,使企业银行存款、其他业务收入和应交税费同时增加。银行存款作为企业的资产,增加额应记入"银行存款"账户的借方。材料销售收入作为其他业务收入,增加额应记入"其他业务收入"账户的贷方。应交税费作为企业的负债,增加额应记入"应交税费"账户的贷方。故该经济业务的发生,应作如下会计分录:

```
借:银行存款                                    11 700
    贷:其他业务收入                            10 000
        应交税费——应交增值税(销项税额)         1 700
```

[业务 4.22]该项经济业务的发生,使企业的材料销售成本增加,库存材料减少。材料销售成本作为企业的其他业务成本,增加额应记入"其他业务成本"账户的借方。库存材料作为企业的资产,减少额应记入"原材料"账户的贷方。故该经济业务的发生,应作如下会计分录:

借:其他业务成本　　　　　　　　　　　　　　　　　　　　　　　9 000
　　贷:原材料　　　　　　　　　　　　　　　　　　　　　　　　　　　　9 000

[业务 4.23]该项经济业务的发生,使企业的销售税金和应交税费同时增加。销售税金作为企业的费用,增加额应计入"税金及附加"账户的借方。应交税金作为企业的负债,增加额应记入"应交税费"账户的贷方。故该经济业务的发生,应作如下会计分录:

借:税金及附加　　　　　　　　　　　　　　　　　　　　　　　　2 620
　　贷:应交税费——应交城市维护建设税　　　　　　　　　　　　　　1 834
　　　　应交税费——应交教育费附加　　　　　　　　　　　　　　　　　786

5　财务成果业务的会计处理

5.1　知识要素

利润是企业一定期间生产经营活动的财务成果。财务成果业务主要是指企业的利润形成和利润分配业务。

5.1.1　利润形成业务的会计处理

5.1.1.1　利润的构成

利润包括收入减去费用后的净额及直接计入当期利润的利得与损失。

利润可分为营业利润、利润总额和净利润三个层次。

营业利润是指企业经营活动获得的财务成果。其计算公式如下:

营业利润 = 营业收入 - 营业成本 - 税金及附加 - 销售费用 - 管理费用 -
　　　　　财务费用 - 资产减值损失 + 公允价值变动收益(减公允价值变动损失) +
　　　　　投资收益(减投资损失)

其中,营业收入是指企业经营业务所确定的收入总额,包括主营业务收入和其他业务收入。营业成本是指企业经营业务所发生的实际成本总额,包括主营业务成本和其他业务成本。资产减值损失是指企业资产减值所形成的损失。公允价值变动收益(或损失)是指企业交易性金融资产等公允价值变动所形成的应计入当期损益的利得(或损失)。投资收益(或损失)是指企业以各种方式对外投资所取得的收益(或损失)。

利润总额是指企业缴纳企业所得税之前的财务成果,故又称税前利润。其计算公式如下:

$$利润总额 = 营业利润 + 营业外收入 - 营业外支出$$

营业外收支是指企业发生的与日常经营活动无直接关系的各项利得或损失

净利润是指利润总额扣除所得税费用后的净收益,故又称税后利润。其计算公式如下:

$$净利润 = 利润总额 - 所得税费用$$

所得税费用是指企业依据企业所得税法确认的应当从当期利润总额中扣除的所得税额。

5.1.1.2 期间费用的会计处理

从营业利润的计算公式可以看到,期间费用是企业发生的直接计入当期损益的各种费用,包括销售费用、管理费用和财务费用。

销售费用是指企业在销售商品、提供劳务等过程中发生的各项费用以及专设销售机构的各项经费。它主要包括销售过程中发生的运输费、装卸费、广告费、展览费、商品维修费、预计产品质量保证损失、专设销售机构的各项经费等。

为了反映企业销售费用的发生情况,应设置"销售费用"账户。该账户为费用类账户,借方登记实际发生的各项销售费用,贷方登记期末转入"本年利润"账户的本期发生额,期末结转后该账户无余额。该账户应按费用项目设立明细账,组织明细核算。

管理费用是指企业行政管理部门为组织和管理生产经营活动而发生的各种费用。它主要包括企业差旅费、业务招待费、咨询费、诉讼费、研究费用、技术转让费、行政管理部门的人工费、办公费、固定资产折旧费、修理费以及计入管理费用的各种税金等。

为反映企业管理费用的发生情况,应设置"管理费用"账户。该账户为费用类账户,借方登记实际发生的各项管理费用,贷方登记期末转入"本年利润"账户的本期发生额,期末结转后该账户无余额。该账户应按费用项目设置明细账,组织明细核算。

财务费用是指企业为筹集生产经营所需资金等而发生的筹资费用,包括利息支出(减利息收入)、汇兑损失以及相关的手续费等。

为了反映财务费用的发生情况,企业应设置"财务费用"账户。该账户为费用类账户,借方登记实际发生的财务费用,贷方登记期末转入"本年利润"账户的本期发生额,期末结转后该账户无余额。该账户应按费用项目设置明细账,组织明细核算。

5.1.1.3 营业外收支的会计处理

营业外收入是指企业发生的与日常经营活动无直接关系的各项利得。营业外收入包括非流动资产处置利得、非货币性资产交换利得、债务重组利得、政府补贴、盘盈利得、捐赠利得等。

为了反映企业取得的营业外收入,应设置"营业外收入"账户。该账户为损益类账户中的收入账户,贷方登记取得的营业外收入,借方登记期末转入"本年利润"账户的本期发生额,期末结转后本账户应无余额。该账户应按收入项目设置明细账,组织明细核算。

营业外支出是指企业发生的与日常经营活动无直接关系的各项损失及公益性捐赠支出等。营业外支出主要包括非流动资产处置损失、非货币性资产交换损失、债务重组损失、盘亏损失、公益性捐赠支出等。

为了反映企业发生的营业外支出,应设置"营业外支出"账户。该账户为损益类账户中的支出账户,借方登记发生的各项营业外支出,贷方登记期末转入"本年利润"账户的本期发生额,期末结转后本账户应无余额。该账户应按支出项目设置明细账,组织明细核算。

5.1.1.4 利润总额的账务处理

为了反映企业当年实现的利润(或发生的净亏损),应设置"本年利润"账户。该账户为所有者权益类账户,贷方登记期末转入的"主营业务收入"、"其他业务收入"、"营业外收入"等账户的金额,借方登记期末转入的"主营业务成本"、"其他业务成本"、"税金及附加"、"销售费用"、"管理费用"、"财务费用"、"营业外支出"、"所得税费用"等账户的金额。年度终了,应将本年收入和支出相抵后的贷方余额即本年实现的净利润,由本账户的借方转入"利润分配"账户的贷方;如为净亏损,则作相反的账务处理。结转后,该账户应无余额。

在账务处理上,企业一般先确定利润总额,即期末将损益类账户中所有收益类账户的贷方发生额由各账户的借方转入"本年利润"账户的贷方,将损益类账户中除所得税账户外的其他费用、支出账户的借方发生额由各账户的贷方转入"本年利润"账户的借方。结转后,"本年利润"账户的贷方余额,则为企业获得的利润总额。如为借方余额,则为企业的亏损额。

5.1.1.5 所得税费用与净利润的账务处理

盈利企业按照国家企业所得税法的规定,一般应缴纳企业所得税。企业所得税的税率一般为25%。

为了反映企业按规定从本期损益中扣除的所得税费用,应设置"所得税费用"账户。该账户属于损益类账户中的费用账户,借方登记应由本期利润总额中扣除的所得税费用,贷方登记转入"本年利润"账户的本期发生额,结转后该账户应无余额。

企业利润总额减去所得税费用后的余额,则为企业的净利润。

5.1.2 利润分配业务的会计处理

5.1.2.1 利润分配的顺序

根据我国《公司法》等有关法规的规定,企业当年实现的净利润,一般按照如下顺序进行分配。

第一,提取法定盈余公积。

公司制企业的法定公积按照当年净利润10%的比例提取(非公司制企业也可以按照超过10%的比例提取)。公司法规定盈余公积累计额为公司注册资本的50%以上时,可以不再提取法定盈余公积。公司的法定盈余公积不足以弥补以前年度的亏损的,在提取法定盈余公积之前,应当先用当年利润弥补亏损。

第二,提取任意盈余公积。

公司从当年税后利润中提取法定盈余公积后,经股东会或股东大会决议,还可以从税后利润中提取任意盈余公积。非公司制企业经类似权力机构批准,也可以提取任意盈余公积。

第三,向投资者分配利润或股利。

企业弥补亏损和提取盈余公积后,可以按投资人出资的比例向投资人分配利润或股利。可供投资者分配的利润额,一般按下式计算:

可供投资者分配的利润 = 年初未分配利润 + 本年净利润 - 提取的盈余公积

5.1.2.2 利润分配的账务处理

为了反映利润的分配情况,企业应设置"利润分配"、"盈余公积"和"应付利润"账户。

为了反映利润的分配(或亏损的弥补)和历年分配(或弥补)后的积存余额情况,企业应设置"利润分配"账户。该账户属于所有者权益类账户,贷方登记年终结转的本年实现的净利润或弥补的亏损,借方登记利润分配的金额或企业的亏损。年终,该账户的余额如在贷方,表示累计未分配的利润,如在借方,表示尚未弥补的亏损。该账户应按利润分配项目设置明细账,组织明细核算。

根据需要,在利润分配账户下,可以设立以下明细账:"提取法定盈余公积"、"提取任意盈余公积"、"应付现金股利或利润"、"转作股本的股利"、"盈余公积补亏"和"未分配利润"。

为了反映盈余公积的提取和使用的情况,企业应设置"盈余公积"账户。该账户为所有者权益类账户,贷方登记从净利润中提取的盈余公积,借方登记盈余公积的使用数额。期末余额在贷方,表示企业盈余公积的余额。该账户应按盈余公积的种类设置明细账,组织明细核算。

为了反映应付给投资者的利润和应付利润结算情况,企业应设置"应付股利"账户。该账户为负债类账户,贷方登记企业应分配给投资者的利润,借方登记实际支付的利润,期末余额在贷方,表示尚未支付的利润。该账户应按投资人设立明细账,组织明细核算。

5.2 实践项目

5.2.1 利润形成与利润分配的基本业务

5.2.1.1 利润形成业务

[业务 4.24]企业以银行存款支付广告费 5 000 元。

[业务 4.25]企业应付销售机构人工费为 13 000 元。

[业务 4.26]企业计提销售机构固定资产折旧 1 000 元。

[业务 4.27]企业本月应付企业行政管理人员工资 15 000 元。

[业务 4.28]企业本月应付房产税和车船税 500 元。

[业务 4.29]企业本月行政管理部门计提办公设备折旧 1 500 元。

[业务 4.30]企业计提本月经营性借款利息 3 000 元。

[业务 4.31]企业获得货币资金捐赠 20 000 元,存入银行。

[业务 4.32]企业通过银行转账,向希望工程捐赠 10 000 元。

[业务 4.33]期末,结转本期各项收入,其中主营业务收入为 180 000 元,其他业务收入为 10 000 元,营业外收入为 20 000 元。

[业务 4.34]期末,结转本期各项成本费用,其中主营业务成本为 108 000 元,其他业务成本为 9 000 元,税金及附加为 2 620 元,销售费用为 19 000 元,管理费用为 17 000 元,营业外支出为 10 000 元。

[业务 4.35]假如企业的利润总额即为企业的应纳税所得额,本年度的利润总额为480 000 元,企业适用的所得税税率为 25%,应交所得税 120 000(480 000×25%)元。

[业务 4.36]期末,将本期发生的所得税费用 120 000 元转入"本年利润"账户。

[业务 4.37]期末,将本期实现的净利润 360 000 元转入"利润分配"账户。

5.2.1.2　利润分配业务

[业务4.38]企业按净利润的10％，分别提取法定盈余公积和任意盈余公积，计提金额均为36 000（360 000×10％）元。

[业务4.39]企业决定对投资者分配利润150 000元。

[业务4.40]年末，将"利润分配"账户下其他明细账户的期末余额转入"未分配利润"明细账，以确定企业未分配利润的数额。

5.2.2　项目要求

学生对上述利润形成业务作出会计处理，即编制记账凭证（若已熟练掌握记账凭证的编制方法，为了节省时间，也可以编写会计分录）。

5.2.3　业务分析及处理结果

5.2.3.1　利润形成业务的分析及处理结果

[业务4.24]该项经济业务的发生，使企业的销售费用增加，银行存款减少。销售费用的增加，应记入"销售费用"账户的借方。银行存款作为企业的资产，减少额应记入"银行存款"账户的贷方。故该经济业务的发生，应作如下会计分录：

借：销售费用　　　　　　　　　　　　　　　　　　　　　　　　5 000
　贷：银行存款　　　　　　　　　　　　　　　　　　　　　　5 000

[业务4.25]该项经济业务的发生，使企业的销售费用和负债同时增加。销售费用增加，应记入"销售费用"账户的借方。负债增加，应记入"应付职工薪酬"账户的贷方。故该经济业务的发生，应作如下会计分录：

借：销售费用　　　　　　　　　　　　　　　　　　　　　　　13 000
　贷：应付职工薪酬　　　　　　　　　　　　　　　　　　　13 000

[业务4.26]该项经济业务的发生，使企业的销售费用增加，已提固定资产折旧增加。销售费用的增加，应记入"销售费用"账户的借方。已提固定资产折旧的增加，应记入"累计折旧"账户的贷方。故该经济业务的发生，应作如下会计分录：

借：销售费用　　　　　　　　　　　　　　　　　　　　　　　1 000
　贷：累计折旧　　　　　　　　　　　　　　　　　　　　　1 000

[业务4.27]该项经济业务的发生，使企业的管理费用和应付职工薪酬同时增加。管理费用的增加，应记入"管理费用"账户的借方。应付职工薪酬作为企业的负债，增加额应记入"应付职工薪酬"账户的贷方。故该项经济业务的发生，应作如下会计分录：

借：管理费用　　　　　　　　　　　　　　　　　　　　　　　15 000
　贷：应付职工薪酬　　　　　　　　　　　　　　　　　　　15 000

[业务4.28]该项经济业务的发生，使企业的管理费用和应交税费同时增加。管理费用的增加，应记入"管理费用"账户的借方。应交税费作为企业的负债，增加额应记入"应交税费"账户的贷方。故该经济业务的发生，应作如下会计分录：

借：管理费用　　　　　　　　　　　　　　　　　　　　　　　　500
　贷：应交税费　　　　　　　　　　　　　　　　　　　　　　500

[业务 4.29]该项经济业务的发生,使企业的管理费用和已提固定资产折旧同时增加。管理费用的增加,应记入"管理费用"账户的借方。已提固定资产折旧的增加,应记入"累计折旧"账户的贷方。故该经济业务的发生,应作如下会计分录:

借:管理费用   1 500
　贷:累计折旧   1 500

[业务 4.30]该项经济业务的发生,使企业的财务费用和应付利息同时增加。财务费用的增加,应记入"财务费用"账户的借方。应付利息作为企业的负债,增加额应记入"应付利息"账户的贷方。故该经济业的发生,应作如下会计分录:

借:财务费用   3 000
　贷:应付利息   3 000

[业务 4.31]该项经济业务的发生,使企业银行存款和营业外收入同时增加。银行存款作为企业的资产,增加额应记入"银行存款"账户的借方。营业外收入的增加,应记入"营业外收入"账户的贷方。故该项经济业务的发生,应作如下会计分录:

借:银行存款   20 000
　贷:营业外收入   20 000

[业务 4.32]该项经济业务的发生,使企业银行存款减少,营业外支出增加。银行存款作为企业的资产,减少额应记入"银行存款"账户的贷方。营业外支出的增加,应记入"营业外支出"账户的借方。故该经济业务的发生,应作如下会计分录:

借:营业外支出   10 000
　贷:银行存款   10 000

[业务 4.33]计算利润结转各项收入时,转出的金额应记入各收入账户的借方,转入的金额应记入"本年利润"账户的贷方。故该经济业务的发生,应作如下会计分录:

借:主营业务收入   180 000
　其他业务收入   10 000
　营业外收入   20 000
　贷:本年利润   210 000

[业务 4.34]计算利润结转各项费用时,转入的金额应记入"本年利润"账户的借方,转出的金额应记入各费用账户的贷方。故该经济业务的发生,应作如下分录:

借:本年利润   168 620
　贷:主营业务成本   108 000
　　税金及附加   2 620
　　其他业务成本   9 000
　　销售费用   19 000
　　管理费用   17 000
　　财务费用   3 000
　　营业外支出   10 000

[业务 4.35]该项经济业务的发生,使企业的所得税费用和应交税费同时增加。所得税作为企业的费用,增加额应记入"所得税费用"账户的借方。应交税费作为企业的负债,增加额应记入"应交税费"账户的贷方。故该经济业务的发生,应作如下会计分录:

借:所得税费用   120 000
 贷:应交税费——应交所得税   120 000

[业务 4.36]结转所得税费用时,转入的金额应记入"本年利润"账户的借方,转出的金额应记入"所得税费用"账户的贷方。会计分录如下:

借:本年利润   120 000
 贷:所得税费用   120 000

[业务 4.37]将所得税费用转入"本年利润"账户后,"本年利润"账户的本期贷方余额360 000(480 000－120 000)元,即为企业本年的净利润。结转本年净利润时,应借记"本年利润"账户,贷记"利润分配——未分配利润"账户。会计分录如下:

借:本年利润   360 000
 贷:利润分配——未分配利润   360 000

5.2.3.2 利润分配业务的分析及处理结果

[业务 4.38]该项经济业务的发生,引起所有者权益项目的一增一减,即盈余公积增加,未利润分配减少。未分配利润的减少,应记入"利润分配"账户的借方。盈余公积的增加,应记入"盈余公积"账户的贷方。故该经济业务的发生,应作如下会计分录:

借:利润分配——提取法定盈余公积   36 000
   ——提取任意盈余公积   36 000
 贷:盈余公积   72 000

[业务 4.39]该项经济业务的发生,引起企业所有者权益的减少和负债的增加。利润分配的增加是所有者权益的减少,应记入"利润分配"账户的借方。应付利润的增加是负债的增加,应记入"应付股利"账户的贷方。故该经济业务的发生,应作如下会计分录:

借:利润分配——应付现金股利(或利润)   150 000
 贷:应付股利   150 000

[业务 4.40]该经济业务是将利润分配账户中的各项已分利润转入"利润分配"账户中的未分配利润明细账,以确定年末未分配利润的数额。该经济业务,应作如下会计分录:

借:利润分配——未分配利润   222 000
 贷:利润分配——提取法定盈余公积   36 000
    ——提取任意盈余公积   36 000
    ——应付现金股利(或利润)   150 000

【专题小结】

本专题以制造业企业为例,通过对制造业企业生产经营过程的资金运动和资金运动过程中形成的经济关系的核算,使学生了解企业生产经营过程的主要核算内容,掌握借贷记账法。

筹资业务主要是对投资人投入资本和企业借入资本的核算。投入资本的核算应使用"实收资本"账户,该账户为所有者权益类账户。借入资本的核算应使用"短期借款"和"长期借款"账户,均为负债类账户。采用借贷记账法时,所有者权益类账户和负债类账户的借贷方向的含义相同,即借方为减少,贷方为增加。

固定资产的购买或自建,应使用"固定资产"、"在建工程"等账户。企业取得可直接交付使用的固定资产,可直接记入"固定资产"账户的借方。需要安装或建筑后才能交付使用的固定资产,应先通过"在建工程"账户归集成本,完工后再将其成本由"在建工程"账户的贷方转入"固定资产"账户的借方。制造业企业的购进业务主要是材料的购进、入库、货款结算及增值税支付业务。其主要使用的账户有"原材料"、"在途物资"、"银行存款"、"预付账款"等资产类账户和"应付账款"、"应交税费"等负债类账户。资产类账户,借方为增加,贷方为减少。

生产过程的经济业务主要是生产费用的归集和分配,以计算产品的生产成本。生产费用分为直接生产费用和间接生产费用。直接生产费用直接计入产品的成本,间接费用单独归集后,再分配计入产品成本。生产费用和产品成本的核算,主要使用"生产成本"和"制造费用"账户。这两个账户均为成本类账户,借方为增加,贷方为减少。在人工费的核算中,应使用"应付职工薪酬"账户,该账户为负债类账户。在折旧费的核算中,应使用"累计折旧"账户,该账户为资产类账户,但与一般资产类账户不同的是,该账户的贷方表示已计提折旧的增加,借方表示已计提折旧的减少。这是因为该账户是专门设置的核算固定资产折旧的账户,由于固定资产折旧的增加,意味着固定资产价值的减少,固定资产的减少记贷方,折旧的增加也就应记贷方。

销售业务主要是销售收入确认、货款结算和销售成本结转等业务。销售业务分为主营业务和其他业务两类,应分别组织核算。需要使用的账户有"主营业务收入"、"其他业务收入"等收入类账户。收入类账户贷方为增加,借方为减少。同时还应使用"主营业务成本"、"其他业务成本"、"税金及附加"等费用类账户。费用类账户借方为增加,贷方为减少。

财务成果的核算主要是利润形成和利润分配的核算。需使用的账户有"主营业务收入"、"其他业务收入"、"营业外收入"等收益类账户和"主营业务成本"、"其他业务成本"、"销售费用"、"管理费用"、"财务费用"、"营业外支出"、"所得税费用"等费用损失类账户;同时还要使用"本年利润"、"利润分配"、"盈余公积"等所有者权益类账户。需要说明的是,由于利润的分配意味着所有者权益的减少,所有者权益的减少记借方,所以已分配利润应记入"利润分配"账户的借方。

【主要概念】

1. 直接生产费用　2. 间接生产费用　3. 制造费用　4. 累计折旧　5. 主营业务收入　6. 其他业务收入　7. 营业外收入　8. 营业外支出　9. 营业利润　10. 利润总额　11. 净利润　12. 盈余公积

【思考题】

1. 什么是直接生产费用和间接生产费用? 它们在核算上有何不同?

2. "累计折旧"属于资产类账户,为什么贷方登记累计折旧增加额,借方登记减少额?

3. "利润分配"属于所有者权益类账户,为什么借方登记利润分配的增加额,贷方登记减少额?

【练习题】

(一) 判断题

1. 对增值税一般纳税人来说,其税额的多少,对企业利润无影响。　　　　　　　　(　　)

2. 企业的营业外收支,对企业营业利润无影响。　　　　　　　　　　　　　　　(　　)

3. 个别资产类账户,贷方登记增加额,借方登记减少额。　　　　　　　　　　　(　　)

4. 所有者权益类账户,并不都是贷方登记增加额,借方登记减少额。　　　　　　(　　)

(二) 会计分录

1. 企业购入 A 材料一批,价款 100 000 元,增值税额 17 000 元,款项以银行存款支付,材料已入库。

2. 购入 B 材料一批,价款 8 000 元,增值税额 1 360 元,材料已验收入库,款项尚未支付。

3. 以银行存款支付上项 B 材料款 9 360 元。

4. 购入 C 材料一批,价款 15 000 元,增值税额 2 550 元,款项已由银行存款支付,材料尚未验收入库。

5. C 材料到货并验收入库。

6. 本月发出材料的实际成本为 550 000 元,其中产品生产耗用 470 000 元,生产车间一般耗用 60 000 元,管理部门耗用为 20 000 元。

7. 计算分配本月职工工资,产品生产直接生产工人工资为 130 000 元,生产车间管理人员工资 30 000 元,企业行政管理部门人员工资 50 000 元。

8. 计提本月固定资产折旧 4 000 元,其中生产车间固定资产折旧为 3 000 元,企业管理部门固定资产折旧为 1 000 元。

9. 生产车间购买办公用品 1 000 元,以现金支付。

10. 将本月发生的制造费用 94 000 元转入"生产成本"账户。

11. 本月产品全部完工,计算并结转完工入库产品的实际成本 694 000 元。

12. 销售甲产品价款 600 000 元,增值税额 102 000 元,款项已存入银行。

13. 销售甲产品价款 400 000 元,增值税额 68 000 元,款项尚未收回。

14. 计算出本月应交纳城市维护建设税 7 000 元,应交教育费附加 3 000 元。

15. 以银行存款支付广告费 10 000 元。

16. 本月计提短期借款利息 2 000 元。

17. 结转本月销售甲产品成本 600 000 元。

18. 出售 D 材料 1 000 千克,单位售价 12 元,单位实际成本 10 元,款项已存入银行,增值税税率为 17%。

19. 结转销售材料的实际成本 10 000 元。

20. 由银行转账,向红十字会捐款 6 000 元。

21. 将各损益类账户的本期发生额转入"本年利润"账户,计算本期盈亏。

22. 假如企业本年利润总额 320 000 元,企业无所得税应纳税额调整项目,按利润总额的 25% 计算应交所得税 80 000 元。

23. 将所得税费用 80 000 元转入"本年利润"账户。

24. 结转本年净利润 240 000 元。

25. 年末利润分配,计提法定盈余公积 24 000 元,对投资人分配利润 100 000 元。

26. 结转本年已分配利润 124 000 元。

专题五

会 计 凭 证

学习目标

1. 理解会计凭证的概念及作用。
2. 了解会计凭证的种类。
3. 掌握会计凭证填制要求及方法。
4. 掌握会计凭证的审核内容。

1　会计凭证的作用与种类

1.1　知识要素

在专题三中,已对会计凭证的概念、作用、分类等作了简要的说明,本专题予以更详细的介绍。

1.1.1　会计凭证的概念

会计核算的每一笔经济业务,都关系到企业的财产安全与利益相关者的经济利益问题。因此,会计核算必须做到合理合法,有根有据。会计凭证就是用以记录经济业务、明确经济责任,据以登记会计账簿的书面证明。会计主体发生的经济业务,均应按照规定的程序、要求和格式填制会计凭证或按规定取得会计凭证。会计凭证经审核无误后,方可作为登记账簿的依据。企业购买材料或商品取得的发票,运送货物运输部门提供的运杂费收据,材料入库的收料单,职工薪酬结算单,职工出差的车票等,都属于会计凭证。

1.1.2　会计凭证的作用

会计凭证对于如实反映和有效监督企业的经济活动,保护企业的财产安全和维护利益相关者的经济利益,具有十分重要的作用。其作用具体体现在以下三个方面:

第一,及时反映经济业务,提供记账依据。会计主体发生的每一项经济业务,有关部门或人员都必须按照规定的程序、要求和格式,根据经济业务发生的时间、地点、内容及完成情况,及时取得或填制会计凭证。通过取得或填制会计凭证,可以将日常发生的各项业务如实地记录下来,反映各项经济业务的完成情况,审核无误后,作为登记账簿的依据。

第二,明确经济责任,维护经济责任制。按要求,经济业务的经办部门和相关人员应在填制或取得的会计凭证上签名或盖章,以明确经办部门和经办人员对经办的经济业务所承担的经济责任,从而增强经办部门和经办人员的责任心,并起到相互监督的作用。一旦出现问题,易于弄清情况,区分责任,作出正确的裁决。

第三,有利于保护企业单位的财产安全和维护相关者的经济利益。我国《会计法》第十四条规定,会计机构、会计人员必须按照国家统一的会计制度的规定对原始凭证进行审核,对不真实、不合法的原始凭证有权不予接受,并向单位负责人报告;对记载不准确、不完整的原始凭证予以退回,并要求按照国家统一的会计制度的规定更正、补充。通过审核会计凭证,对经济业务实施监督,检查各项经济业务的发生或处理是否符合国家的法律制度,是否存在贪污盗窃等违法行为,及时发现经济活动中存在的问题,防止违规违法、弄虚作假的经济事项发生。对凭证审核中发现的问题,及时更正或处理,有利于保护企业财产和维护利益相关者的经济利益。

1.1.3 会计凭证的种类

会计凭证按其在会计核算中的作用划分,可分为原始凭证和记账凭证两种。

1.1.3.1 原始凭证

原始凭证是指在经济业务发生或完成时取得或填制的、用以记录和证明经济业务的发生或完成情况的原始凭据,是进行会计核算的原始资料。

原始凭证按其来源不同,分为自制原始凭证和外来原始凭证两种。

自制原始凭证是指由本单位的内部经办经济业务的部门或人员,在办理某项经济业务时所填制的凭证。

自制原始凭证按其填制手续不同,又分为一次凭证、累计凭证、汇总原始凭证和记账编制凭证四种。

(1) 一次凭证。它是指只反映一项,或同时反映若干项同类性质的经济业务,填制手续是一次完成的凭证。如企业购进材料验收入库后,由仓库保管员填制的"收料单";车间领料填制的一次用的"领料单";销售产品时,由企业销售部门开出的"提货单";等等。"收料单"的一般格式如表 5-1 所示。一次性"领料单"的一般格式如表 5-2 所示。

▼表 5-1 ▼

收 料 单

供货单位:　　　　　　　年　月　日　　　　　　凭证编号:
发票号码:　　　　　　　　　　　　　　　　　　收料仓库:

材料编号	材料规格及名称	计量单位	数量		价格	
			应收	实收	单价	金额
备　注					合计	

仓库负责人:　　　　　　保管员:　　　　　　　记账:

▼表 5-2 ▼

领 料 单

领料部门:　　　　　　　年　月　日　　　　　　凭证编号:
用　途:　　　　　　　　　　　　　　　　　　发料仓库:

材料编号	材料规格及名称	计量单位	数量		价格	
			请领	实领	单价	金额
备　注					合计	

审批:　　　　　　领料:　　　　　　发料:　　　　　　记账:

(2) 累计凭证。它是指在一定时间内连续记载若干项同类经济业务的自制原始凭证。如"限额领料单",就是自制累计凭证。"限额领料单"中标明了某种材料在规定期限内的领料额度,用料单位每次领料或退料,都要由经办人员在"限额领材料单"上逐笔记录、签章,并结出限额余额。使用这种凭证,既可以做到对领用材料进行事前控制,又可以简化凭证填制工作。"限额领料单"的一般格式如表5-3所示。

▼表5-3▼

限 额 领 料 单

领料部门：   年 月 日   凭证编号：

用 途：   发料仓库：

材料编号	材料名称规格	计量单位	计划投产量	单位消耗定额	领用限额	实 发		
						数量	单价	金额

日期	领用			退料			限额结余
	数量	领料人	发料人	数量	退料人	收料人	

生产计划部门：   供应部门：   仓库：

  (3)汇总原始凭证。它是指为了减少记账凭证的填制工作,对一定时期若干记录同类业务的原始凭证汇总编制而成的原始凭证,如"发出材料汇总表"、"商品销售汇总表"等。"发出材料汇总表"的一般格式如表5-4所示。

▼表5-4▼

发出材料汇总表

年 月 日   单位:元

应借科目		应贷科目:原材料						合 计
		原料及主要材料			辅助材料			
		A材料	B材料	小计	C材料	D材料	小计	
生产成本	甲产品							
	乙产品							
	小 计							
制造费用	一车间							
	二车间							
	小 计							
管理费用								
合 计								

  (4)记账编制凭证。它是企业自制的原始凭证,一般都是以实际发生或完成的经济业务为依据,由业务经办部门或承办人员填制的。但有些自制原始凭证,是由会计人员根据账簿记录结果和其他有关核算资料进行编制的。对于这种由会计人员根据账簿资料或

其他核算资料编制的凭证,称为记账编制凭证。例如,月末计提折旧时,编制的"固定资产折旧计算表";月末分配制造费用时,编制的"制造费用分配表";等等。"制造费用分配表"的一般格式如表 5-5 所示。

▼表 5-5 ▼

制造费用分配表

年 月 日

单位:元

应借科目		生产工时	分配率	分配金额
生产成本	甲产品			
	乙产品			
	丙产品			
合 计				

外来原始凭证是指同外部单位发生经济业务关系时,从外单位取得的会计凭证,如购货时取得的增值税专用发票、付款时取得的收据、出差乘车时取得的车票等。增值税专用发票和收据的一般格式,如表 5-6 和表 5-7 所示。

▼表 5-6 ▼

增值税专用发票

NO.

发票联

开票日期: 年 月 日

购货单位	名 称			纳税人登记号			
	地址、电话			开户银行及账号			
商品或劳务名称	计量单位	数量	单价	金额	税率(%)	税额	
合 计							
价税合计(大写)						¥_____	
销货单位	名 称			纳税人登记号			
	地址、电话			开户银行及账号			
备 注							

收款人: 开票单位(未盖章无效):

第二联:发票联 购货方记账

▼表 5-7 ▼

收 据

NO.

年 月 日

付款单位_____ 收款方式_____

人民币(大写)_____ ¥_____

收款事由_____

收款单位(盖章)   审核   经办   出纳

1.1.2.2 记账凭证

记账凭证是会计人员根据审核无误的原始凭证填制,记载经济业务简要内容,确定会计分录,作为记账依据的会计凭证。

由于原始凭证的来源不一、种类多样、格式不同,不能直接表明应记入账户的名称和方向,不便于登记账簿和查账,必须填制记账凭证。编制记账凭证,可以减少记账错误,便于对账和查账,提高记账工作的质量。在手工会计阶段,小型企业一般采用通用记账凭证,业务较多的大中型企业采用专业记账凭证。当前在我国除个别微小企业外,已实现会计电算化,因此,无论是手工会计核算,还是电算化会计核算,均可采用通用记账凭证。通用记账凭证的一般格式如表5-8所示。

▼表5-8▼

记 账 凭 证
年　　月　　日　　　　　　　　　　　　　　字第　　号

摘　　要	会 计 科 目		借 方 金 额	贷 方 金 额	记账√
	总账科目	明细科目			
附件　　张	合　　计				

会计主管　　　　　记账　　　　　出纳　　　　　审核　　　　　制证

1.2 实践项目

1.2.1 专业判断力训练

 题目 5.1

在原始凭证中,有一种汇总原始凭证,如"发出材料汇总表"。它是在手工会计方式下,为了简化记账凭证的填制工作和账簿登记工作,将一定时期若干份记录同类业务的原始凭证经汇总编制而成的一种原始凭证。请学生分别手工会计环境和电算化工作环境,对该种凭证的实用性作出思考。

1.2.2 项目要求

作出判断并说明理由。

1.2.3 参考答案

使用这种凭证的目的在于减轻填制记账凭证和登记账簿的工作量。它的缺点是不利于会计信息的及时提供,影响会计工作质量。故无论是在手工会计环境下,还是在电算化工作环境下,如果同类经济业务不多,都没有使用这种凭证的必要。

同类经济业务很多时,在手工会计工作环境下,可以使用这种凭证,因为这一凭证的使用,既可以减轻填制凭证的工作量,又可以减轻登记账簿的工作量。在电算化工作环境下,这种凭证的使用,可以减轻填制凭证的工作量,但不存在减轻登记账簿工作量的问题,因为账簿的登记工作是由财务软件自动完成的。故在电算化工作环境下,考虑减轻填制凭证的工作量而选择使用这种凭证时,应尽量缩短汇总周期,如一天一汇总,以在减轻工作量和保证会计工作质量之间取得平衡。

2　会计凭证的填制

2.1　知识要素

2.1.1　原始凭证的填制

2.1.1.1　原始凭证的基本内容

企业的经济业务是多种多样的,记载经济业务的原始凭证的格式和内容也不尽相同。但为了保障原始凭证的实际功能,要求每一种原始凭证都必须做到客观、真实、完整地记录和反映经济业务的发生、完成情况,都必须明确有关单位和有关人员的责任,为此,原始凭证应具备以下基本内容:

(1) 凭证的名称。它反映原始凭证的用途,即所记录业务的种类,如"发货票"、"收据"等。

(2) 填制凭证的日期。填制凭证的日期一般为业务发生或完成的当日,由于某些原因未能及时填制原始凭证,填制凭证日期则为实际补填凭证的日期。

(3) 填制凭证单位的名称或者填制人姓名。

(4) 经办人员的签名或者盖章。为了明确经济责任,原始凭证必须由经办人员签名或者盖章。

(5) 接受凭证单位的名称。

(6) 经济业务内容。填明经济业务的项目、名称及有关的附注说明。

(7) 数量、单价和金额。

某些部门统一印制使用的凭证,如车票并不具备上述原始凭证的全部内容,但依据印制发放部门的信用和惯例,这些凭证被认为"合法合规"。

2.1.1.2　填制原始凭证的基本要求

原始凭证的种类有很多,具体填制的要求和方法也不尽一致。但原始凭证作为反映经济业务、明确经济责任并具有法律效力的书面证明,在填制上必须满足基本要求。填制原始凭证的基本要求有以下几点。

a. 符合实际

符合实际,即要求凭证的各项内容必须根据实际情况填制,确保原始凭证所反映的经济业务真实可靠,符合实际情况。从外单位取得的原始凭证如有遗失,应当取得原开出单位盖有公章的证明,并注明原凭证的号码、金额和内容等,由经办单位会计机构负责人、会计主管人员和单位领导人批准后,才能代作原始凭证。如果确实无法取得证明的,如火车、轮船、飞机票等凭证,由当事人写出详细情况,由经办单位会计机构负责人、会计主管人员和单位领导人批准后,可代作原始凭证。

b. 明确经济责任

明确经济责任,要求从外单位取得的原始凭证,必须盖有填制单位的公章;从个人取得的原始凭证,必须有填制人员的签名或者盖章。自制原始凭证必须有经办单位负责人或者指定的人员签名或者盖章。对外开出的原始凭证,必须加盖本单位公章。一张原始凭证所列支出需要由几个单位共同负担的,应当按其他单位负担的部分,开给对方原始凭证分割单,进行结算。原始凭证分割单必须具备原始凭证的基本内容。

c. 内容齐全,手续完备

内容齐全,手续完备,要求必须按规定的格式和内容逐项填写原始凭证,项目应填写齐全,不得省略或漏项。凡填有大写与小写金额的原始凭证,大写与小写金额必须相符。购买实物的原始凭证,必须有验收证明;支付款项的原始凭证,必须有收款单位和收款人的收款证明。一式几联的原始凭证,应当注明各联的用途,只能以一联作为报销凭证。一式几联的发票和收据,必须用双面复写纸(发票和收据本身具备复写纸功能的除外)套写,连续编号;作废时应当加盖"作废"戳记,连同存根一起保存,不得撕毁。发生销货退回,除填制退货发票外,还必须有退货验收证明;退款时,必须取得对方的收款收据或者汇款银行的凭证,不得以退货发票代替收据。职工开出借款凭据,必须附在记账凭证之后;收回借款时,应当另开收据或者退还借款副本,不得退还原借款收据。经上级有关部门批准的经济业务,应当将批准文件作为原始凭证附件;如批准文件需要单独归档的,应当在凭证上注明批准机关名称、日期和文件字号。

d. 字迹清晰、工整、规范

填制原始凭证必须字迹清晰、工整,并符合下列要求:

第一,阿拉伯数字应当一个一个地写,不得连笔写。阿拉伯金额数字前面应当书写货币币种符号,币种符号与阿拉伯金额数字之间不得留有空白。凡阿拉伯数字前写有币种符号的,数字后面不再写货币单位。

第二,所有以元为单位(其他货币种类为货币基本单位,下同)的阿拉伯数字,除表示单价等情况外,一律填写到角分;无角分的,角位和分位可写"00",或者用符号"—"代替;有角无分的,分位应当写"0",不得用符号"—"代替。

第三,汉字大写数字金额如零、壹、贰、叁、肆、伍、陆、柒、捌、玖、拾、佰、仟、万、亿等,一律用正楷或者行书体写,不得用0、一、二、三、四、五、六、七、八、九、十等简化字代替,不得任意自造简化字。大写金额数字到元或者角为止的,在"元"或者"角"字之后应当写"整"字或者"正"字;大写金额数字有分的,分字后面不写"整"字或者"正"字。

第四、大写金额数字前未印有货币名称的,应当加填货币名称,货币名称与金额数字之间不得留有空白。

第五,阿拉伯数字金额中间有"0",汉字大写金额要写"零"字;阿拉伯数字金额中间连续有几个"0",汉字大写金额中可以只写一个"零"字;阿拉伯金额数字元位是"0",或者数字中间连续有几个"0",元位也是"0"但角位不是"0",汉字大写金额可以写一个"零"字,也可以不写"零"字。

2.1.2 记账凭证的填制

2.1.2.1 记账凭证的基本内容

记账凭证作为确定会计分录和进行款项收付、账簿记录的依据,必须反映经济业务所涉及的科目、填制依据、相关责任人等基本内容。具体内容包括:

(1)填制凭证的日期。

(2)凭证编号。

(3)经济业务摘要。

(4)会计科目。

(5)金额。

(6)所附原始凭证张数。

(7)填制凭证人员、稽核人员、记账人员、会计机构负责人、会计主管人员签名或者盖章。收款和付款记账凭证还应由出纳人员签名或者盖章。

以自制的原始凭证或者原始凭证汇总表代替记账凭证的,也必须具备上述记账凭证的基本内容。

2.1.2.2 填制记账凭证的基本要求

记账凭证数字的填写要求同上述原始凭证的填写要求相同。此外,记账凭证的填列,还必须遵守以下要求:

(1)填制记账凭证时,应当对记账凭证进行连续编号。一笔经济业务需要填制两张以上记账凭证的,应采用分数编号法编号。

(2)记账凭证可以根据每一张原始凭证填制,或者根据若干张同类原始凭证汇总填制,也可以根据原始凭证汇总表填制。但不得将不同内容和类别的原始凭证汇总填制在一张记账凭证上。

(3)除结账和更正错误的记账凭证可以不附原始凭证外,其他记账凭证必须附有原始凭证。如果一张原始凭证涉及几张记账凭证,可以把原始凭证附在一张主要的记账凭证后面,并在其他记账凭证上注明附有该原始凭证的记账凭证的编号或者附原始凭证复印件。

(4)记账凭证填制时发生错误,应当重新填制;记账后发现记账凭证错误,应当按规定办法进行更正。

(5)填写完经济业务后,记账凭证如有空行,应当自金额栏最后一笔金额数字下的空行处至合计数上的空行处划线注销。

(6)实行会计电算化的单位,对于机制记账凭证,要认真审核,做到会计科目使用正确,数字准确无误。打印出的机制记账凭证要加盖制单人员、审核人员、记账人员及会计机构负责人、会计主管人员印章或者签字。

记账凭证采用格式时,经济业务涉及的会计科目应全部反映在会计科目栏内,其记账方向通过金额栏的借方和贷方来确定。

2.2 实践项目

2.2.1 经济业务

[业务 5.1]2016 年 9 月 3 日,职工王襄退差旅费借款,交现金 100.65 元。

[业务 5.2]2016 年 9 月 5 日,收到银行收款通知,光明机械有限责任公司通过银行转账,偿还 8 月份所欠货款 30 045 元。

[业务 5.3]2016 年 9 月 10 日,企业根据仓库发料单对该月 1 至 10 日发出的 A 材料进行汇总。发出材料总计 200 000 元,其中生产甲产品领用 180 000 元,生产车间一般耗用 15 000 元,管理部门一般耗用 5 000 元。

2.2.2 项目要求

根据[业务 5.1]填制下列原始凭证收据和记账凭证,如表 5-9 和表 5-10 所示。

▼表 5-9 ▼

收　据　　　　　　　　　　NO.

年　　月　　日

人民币(大写)＿＿＿＿＿＿＿＿＿＿＿＿＿＿ ¥ ＿＿＿＿＿＿＿＿＿＿＿＿＿

收款事由＿＿＿＿＿＿＿＿＿＿＿＿＿＿＿＿＿＿＿＿＿＿＿＿＿＿＿＿＿＿＿

付款单位＿＿＿＿＿＿＿＿＿　　收款方式＿＿＿＿＿＿＿＿＿＿＿＿＿＿＿＿

收款单位(盖章)　　　　　审核　　　　　经办　　　　　出纳

▼表 5-10 ▼

记　账　凭　证

年　　月　　日　　　　　　　　　　　　　字第　号

摘　要	会 计 科 目		借 方 金 额	贷 方 金 额	记账√
	总账科目	明细科目			
附件　　张	合　　计				

会计主管　　　　记账　　　　　出纳　　　　　审核　　　　　制证

根据[业务 5.2]填制下列原始凭证收据和记账凭证,如表 5-11 和表 5-12 所示。

▼表 5-11 ▼

收　据　　　　　　　　　　NO.

年　　月　　日

人民币(大写)＿＿＿＿＿＿＿＿＿＿＿＿＿＿ ¥ ＿＿＿＿＿＿＿＿＿＿＿＿＿

收款事由＿＿＿＿＿＿＿＿＿＿＿＿＿＿＿＿＿＿＿＿＿＿＿＿＿＿＿＿＿＿＿

付款单位＿＿＿＿＿＿＿＿＿　　收款方式＿＿＿＿＿＿＿＿＿＿＿＿＿＿＿＿

收款单位(盖章)　　　　　审核　　　　　经办　　　　　出纳

▼表 5-12 ▼

记 账 凭 证

年 月 日 字第 号

摘 要	会 计 科 目		借方金额	贷方金额	记账✓
	总账科目	明细科目			
附件 张	合 计				

会计主管　　　　记账　　　　　　出纳　　　　　　　审核　　　　　　制证

根据[业务 5.3]填制下列记账凭证,如表 5-13 所示。

▼表 5-13 ▼

记 账 凭 证

年 月 日 字第 号

摘 要	会 计 科 目		借方金额	贷方金额	记账✓
	总账科目	明细科目			
附件 张	合 计				

会计主管　　　　记账　　　　　　出纳　　　　　　　审核　　　　　　制证

2.2.3　业务处理结果

[业务 5.1]的处理结果如表 5-14 和表 5-15 所示。

▼表 5-14 ▼

收 据　　　　　　　　　NO. 3

2016 年 9 月 3 日

付款　王寰	收款方式　现金
人民币(大写)壹佰元陆角伍分	￥100.65
收款事由　退差旅费借款	

收款单位(盖章)：　　　　审核:孙胜　　　　　经办:李士　　　　　出纳:周全

91

▼ 表 5-15 ▼

记 账 凭 证

2016 年 9 月 3 日   现收字第 12 号

摘　要	会 计 科 目		借 方 金 额	贷 方 金 额	记账√
	总账科目	明细科目			
王寰还借款	库存现金		100.65		
	其他应收款	王　寰		100.65	
附件 1 张	合　计		￥100.65	￥100.65	

会计主管:赵一　　记账:钱进　　出纳:李娜　　审核:孙胜　　制证:李士

[业务 5.2]的处理结果如表 5-16 和表 5-17 所示。

▼ 表 5-16 ▼

收　据   NO. 4

2016 年 9 月 5 日

付款单位　光明机械有限责任公司　　　　收款方式　银行转账
人民币(大写)叁万零肆拾伍元整　　　　　￥30 045
收款事由　结算 8 月份货款

收款单位(盖章):　　　审核:孙胜　　　经办:李士　　　出纳:周全

▼ 表 5-17 ▼

记 账 凭 证

2016 年 9 月 5 日   银收字第 20 号

摘　要	会 计 科 目		借 方 金 额	贷 方 金 额	记账√
	总账科目	明细科目			
光明机械还贷款	银行存款		30 045		
	应收账款	光明机械		30 045	
附件 1 张	合　计		￥30 045	￥30 045	

会计主管:赵一　　记账:钱进　　出纳:李娜　　审核:孙胜　　制证:李士

[业务 5.3]的处理结果如表 5-18 所示。

▲ 表 5-18 ▼

记 账 凭 证

2016 年 9 月 10 日　　　　　　　　　　　　　　转字第 37 号

摘　　要	会 计 科 目		借 方 金 额	贷 方 金 额	记账√
	总账科目	明细科目			
结转各部门耗材	生产成本	甲产品	180 000		
	制造费用	水电费	15 000		
	管理费用	修理费	5 000		
	原材料	A 材料		200 000	
附件 9 张	合　　计		￥200 000	￥200 000	

会计主管:赵一　　　　记账:钱进　　　　出纳:李娜　　　　审核:孙胜　　　　制证:李士

3　会计凭证的审核和传递

3.1　知识要素

3.1.1　会计凭证的审核

3.1.1.1　原始凭证的审核

为了保证会计核算资料的真实、正确、合法、合规,原始凭证必须经过指定的会计人员审核。经审核后无误的原始凭证,才能作为填制记账凭证和登记账簿的依据。原始凭证的审核,主要注重以下内容。

a. 原始凭证的合法性、合理性和真实性

审核原始凭证所记录的经济业务是否符合国家有关政策、法令和制度的有关规定,审批手续是否完备。如发现违反财经纪律和制度的情况,会计人员有权拒绝付款、报销和执行。对于弄虚作假、伪造涂改等不真实、不合法的原始凭证,有权不予受理,并向单位负责人报告。

b. 原始凭证的完整性

根据原始凭证的基本内容,逐项审核其项目是否完整,各项目是否按规定填列齐全,手续是否完备。对于内容不全,项目填列不完整的原始凭证应予以退回,并要求按照国家统一的会计制度的规定更正、补充。

c. 原始凭证的正确性

审核原始凭证的摘要是否填写清楚;日期是否真实;实物数量、单价、金额是否正确;小计、合计及数字大、小写有无错误;填列内容有无涂改。我国《会计法》规定:原始凭证各项内容均不得涂改;原始凭证有错误的,应当由出具单位重开或更正,更正处应当加盖出具单位的印章。原始凭证金额有错误的,应当由出具单位重开,不得在原始凭证上更正。

3.1.1.2 记账凭证的审核

为了保证账簿记录的准确性,记账前必须对已编制的记账凭证由专人进行认真、严格的审核。审核的主要内容包括以下几点。

a. 记账凭证的依据的真实性

例如,记账凭证是否按规定附有原始凭证,所附的原始凭证反映的经济业务及原始凭证数与记账凭证反映的经济业务及原始凭证数是否一致,所附的原始凭证是否符合规定。

b. 记账凭证的项目填写的完整性

例如,记账凭证的日期、摘要、会计科目及细目、凭证编号、所附原始凭证张数,以及有关人员是否签名或盖章、各个项目是否填写齐全等。如发现记账凭证有错误时,应将错误凭证作废,重新填制正确的记账凭证。按我国《会计法》规定,任何单位和个人不得伪造、变造会计凭证。

c. 使用会计科目的准确性

例如,记账凭证中的总会计科目和明细会计科目的填写是否准确,其名称是否为全称,会计科目前后使用是否一致。

d. 记账金额的正确性

例如,记账凭证所反映的经济业务的金额的填写是否正确。

审核无误的记账凭证,可以作为登记账簿的依据,不符合规定要求的记账凭证,不能作为登记账簿的依据。

3.1.2 会计凭证的传递

会计凭证的传递是指会计凭证从取得、填制开始,经过审核、分类、记账、装订归档为止,在单位内部各有关部门和相关人员之间的传递程序和传递时间。

会计凭证记载的经济业务,会涉及本单位不同的部门和人员,需要不同部门和人员进行处理。为了合理地组织经济活动,提高会计核算工作的及时性,明确经济责任,加强会计监督,会计凭证需要按照一定的程序,在规定的时间内进行合理的传递。在制定会计凭证传递程序时,应关注以下几点:

第一,传递程序的合理性。应根据各会计主体的经济业务特点,企业内部机构组织、人员分工情况以及经济管理的需要,确定每一项凭证必须经过的路径,既不能重复,也不得略过必要的环节。

第二,传递手续的严密性。企业应从完善内部牵制制度出发,规定会计凭证在有关部门和人员之间传递中所应履行的手续。会计凭证在实际传递时,各相关部门和人员必须遵守严格的交接制度,确保各个环节间衔接紧密,责任明确,以及会计凭证的安全和完整。

第三,传递时间的及时性。在同相关部门和人员协商的基础上,明确规定会计凭证在各经办环节的停留时间。传递时间一旦确定,各个部门及有关人员必须在规定的时间内,完成应办理的业务和应履行的手续。

会计凭证的传递因经济业务的性质和特点不同而有所不同。会计部门要会同有关部门和人员,确定业务传递的程序,编制流程图,以便共同遵照执行。大型企业的会计凭证传递流程,如图 5-1 所示。

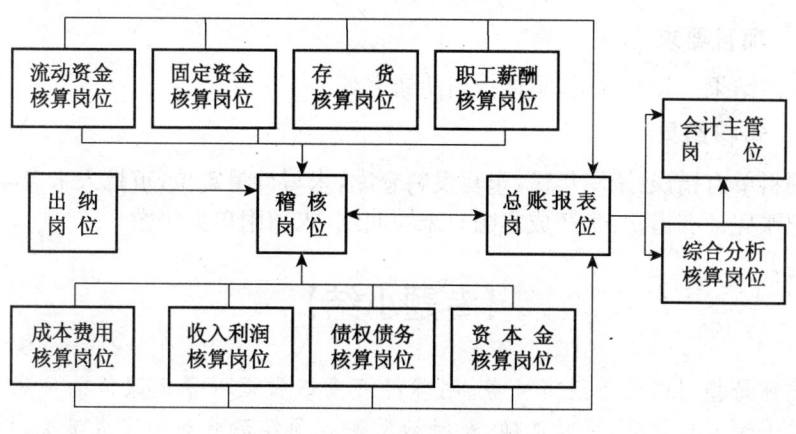

图 5-1　会计凭证传递流程图

3.2　实践项目

3.2.1　项目内容

审核下列凭证,如表 5-19 和表 5-20 所示。

▼表 5-19 ▼

领 料 单

领料部门:一车间　　　　　　　2016 年 9 月 3 日　　　　　　　凭证编号:4
用　　途:产品生产　　　　　　　　　　　　　　　　　　　　　　发料仓库:

材料编号	材料名称	计量单位	数量		价格	
			请领	实领	单价	金额
025	甲材料		800	800	20	16 000
046	乙材料		500	500	30	15 000
备注					合计	31 000

审批:　　　　　　领料:王武　　　　　　发料:张山　　　　　　记账:李士

▼表 5-20 ▼

记 账 凭 证

2016 年 9 月 10 日　　　　　　　　　　　　　转字第 35 号

摘　要	会计科目		借方金额	贷方金额	记账√
	总账科目	明细科目			
结转各部门耗材	生产成本		180 000		
	制造费用	修理费用	15 000		
	管理费用	修理费用	5 000		
	原材料	A 材料		200 000	
附件　　张	合　　计		￥200 000	￥200 000	

会计主管:赵一　　　　记账:钱进　　　　出纳:李娜　　　　审核:孙胜　　　　制证:李士

95

3.2.2 项目要求

说明审核结果。如有错误,具体指出所错之处。

3.2.3 审核结果

上列领料单有错误:未写年份,未写发料仓库,未写计量定位,审批人未盖章。

上列记账凭证有错误:生产成本账户未写明细,未填附单据张数。

【专题小结】

会计凭证是指用以记录经济业务、明确经济责任和据以登记账簿的一种书面证明。通过取得或填制会计凭证,可以正确、及时地反映各项经济业务的完成情况,明确经济责任,充分发挥会计的监督职能。会计凭证按其填制程序和用途不同,分为原始凭证和记账凭证。

原始凭证是指在经济业务发生或完成时取得或填制的,用以记录和证明经济业务的发生或完成情况的原始凭据,是进行会计核算的原始资料。原始凭证按其来源的不同,可以分为外来原始凭证和自制原始凭证。自制原始凭证按其填制手续不同,又可分为一次凭证、累计凭证、汇总原始原始凭证和记账编制凭证。记账凭证是会计人员根据审核后的原始凭证填制,概括经济业务内容,确定会计分录,作为记账依据的会计凭证。

为了保证会计凭证反映的经济业务的真实、合理、合规与合法,会计凭证必须按规定的内容和要求进行填制和审核。为了及时处理各项经济业务和提供会计信息,充分发挥会计监督作用,必须做好会计凭证传递的组织工作。会计凭证是单位的重要的经济档案,必须按规定妥善保管,防止丢失毁损,以备日后查阅。

【主要概念】

1. 会计凭证　2. 原始凭证　3. 记账凭证

【简答题】

1. 什么是会计凭证?简述会计凭证的作用。
2. 为什么要对会计凭证进行分类,如何分类?
3. 原始凭证基本内容有哪些? 如何填制、审核原始凭证?
4. 如何填制、审核记账凭证?
5. 会计凭证传递的作用是什么?

【练习题】

(一) 单项选择题

1. 会计凭证按其(　　　)不同,可以分为原始凭证和记账凭证。

A. 填制的手续   B. 取得来源

C. 经济业务内容   D. 填制程序和用途

2. 仓库使用的领料单应属于(　　)。

A. 一次原始凭证   B. 累计凭证

C. 外来原始凭证   D. 汇总原始凭证

3. 会计日常工作中的起点是(　　)。

A. 审核填制原始凭证   B. 填制记账凭证

C. 登记账簿   D. 复式记账法

(二) 多项选择题

1. 下列属于原始凭证的有(　　)。

A. 生产计划单   B. 会议记录   C. 增值税发票

D. 制造费用分配表   E. 入库单

2. 下列属于外来原始凭证的有(　　)。

A. 发票   B. 收据   C. 火车票

D. 产品入库单   E. 材料出库单

3. 记账凭证的审核主要是指(　　)。

A. 原始凭证附件张数

B. 会计分录是否正确

C. 填写内容是否齐全

D. 相关人员是否签章

E. 是否编制凭证号

专题六

会 计 账 簿

学习目标

1. 了解会计账簿的种类。
2. 了解会计账簿的启用和更换的方法。
3. 掌握会计账簿的登记规则与错账更正的方法。

1 会计账簿的作用与分类

1.1 知识要素

1.1.1 会计账簿的作用

会计账簿简称账簿,是指由一定格式的账页组成的,以经过审核的会计凭证为依据,全面、系统、连续地记录各项经济业务的簿籍。

设置和登记账簿,是编制财务报表的基础,是连接会计凭证和财务报表的中间环节。通过账簿记录,既能对经济活动进行序时核算,又能进行分类核算;既可提供各项总括的核算资料,又可提供明细核算资料。账簿的设置和登记在会计核算中具有重要作用。

1.1.1.1 记载和储存会计信息

将会计凭证所记录的经济业务记入有关账簿,可以全面反映会计主体在一定时期内所发生的各项资金运动,储存所需要的各项会计信息。

1.1.1.2 分类和汇总会计信息

账簿由不同的相互关联的账户所构成,通过账簿记录,一方面可以分门别类地反映各项会计信息,提供一定时期内经济活动的详细情况;另一方面可以通过发生额、余额的计算,提供各方面所需要的总括会计信息,反映财务状况、经营成果和现金流量的综合价值指标。

1.1.1.3 检查和校正会计信息

账簿记录是会计凭证信息进一步整理,也是会计分析、会计检查的重要依据,如财产清查中的账实相符。

1.1.1.4 编报和输出会计信息

为了及时反映企业的财务状况、经营成果和现金流量,应定期进行结账工作,进行有关账簿之间的核对,计算出本期发生额和余额,据以编制会计报表,向有关各方提供所需要的会计信息。

1.1.2 设置账簿的原则

每一个会计主体都应当根据本单位经济业务的特点和经营管理的需要,设置一套适合自己需要的会计账簿。设置账簿应当遵循下列原则:

第一,账簿的设置要能保证全面、系统地反映和监督各单位的经济活动情况,为经营管理提供系统、分类的核算资料。

第二,设置账簿要在满足实际需要的前提下,考虑人力和物力的节约,力求避免重复设账。

第三,账簿的格式要按照所记录的经济业务的内容和需要提供的核算指标进行设计,要力求简便实用,避免繁琐重复。

1.1.3 会计账簿的种类

设置和登记会计账簿是会计工作的重要环节。会计账簿和会计凭证都是记录经济业务的会计资料,但两者记录的方式不同。会计凭证对经济业务的记录是零散的,不能全面、连续、系统地反映和监督经济业务的内容。为了全面、系统、连续地反映经济活动和财务收支情况,需要把会计凭证所记载的大量分散的资料加以分类、整理。这一任务是通过设置和登记会计账簿来实现的。

会计账簿的种类有很多,不同类别的会计账簿可以提供不同的信息,满足不同的需要。在实际工作中,通常有以下三种分类方法。

1.1.3.1 账簿按用途分类

会计账簿按用途划分,可以分为序时账簿、分类账簿和辅助账簿。

a. 序时账簿

序时账簿又称日记账,是按照经济业务发生时间的先后顺序逐日、逐笔登记的账簿。序时账簿按其记录的内容,可分为普通日记账和特种日记账。

普通日记账是对全部经济业务按其发生时间的先后顺序逐日、逐笔登记的账簿。由于普通日记账并不是分类记录经济业务的发生,随着企业规模的扩大、经济业务的增多,使得普通日记账不便于登记分类账和登账工作量较大的缺陷逐渐显露,并且不便于日后的查阅,不利于对重要经济业务的严格管理。因此,目前企业已较少使用普通日记账。

特种日记账是对某一特定种类的经济业务按其发生时间的先后顺序逐日、逐笔登记的账簿。企业必须设置库存现金和银行存款特种日记账,对库存现金和银行存款的收付及结存情况进行序时登记。库存现金日记账的格式如表6-1所示。

▼表6-1▼

库存现金日记账   第　页

年		凭证编号	摘　要	对方科目	借　方	贷　方	借或贷	余　额
月	日							

银行存款日记账的格式,如表6-2所示。

▼表6-2▼

银行存款日记账   第　页

年		凭证编号	摘　要	对方科目	票号	借　方	贷　方	借或贷	余　额
月	日								

b. 分类账簿

分类账簿是按照会计要素的具体类别而设置的分类账户进行登记的账簿。账簿按其反映经济业务的详细程度,可分为总分类账簿和明细分类账簿。

总分类账簿简称总账,是根据总分类账户开设的,能够全面地反映企业的经济活动。总账只反映货币计量指标,不反映实物计量指标,其格式如表6-3所示。

明细分类账簿简称明细账,是根据明细分类账户开设的,用来提供明细的核算资料。明细分类账簿按格式划分有三栏式明细账(格式同三栏式总账,见表6-3)、数量金额式(见表6-4)、多栏式明细账(见表6-5)、横线登记式明细账(见表6-6)。

c. 备查账簿

备查账簿又称辅助账簿,是指对某些在序时账簿和分类账簿中未能记载或记载不全的经济业务进行补充登记的账簿。例如,租入固定资产登记簿、代销商品登记簿等。备查账簿只是对其他账簿记录的一种补充,与其他账簿之间不存在严密的依存和勾稽关系。备查账簿根据企业的实际需要设置,没有固定的格式要求。

1.1.3.2　账簿按外表形式分类

在手工会计条件下,会计账簿按照外表形式分为订本式账簿、活页式账簿和卡片式账簿。

a. 订本式账簿

订本式账簿简称订本账,是在启用前将编有顺序页码的一定数量账页装订成册的账簿。订本账的优点是能避免账页散失和防止抽换账页;其缺点是不能准确为各账户预留账页。这种账簿一般适用于重要的和具有统驭性的总分类账、库存现金日记账和银行存款日记账。

b. 活页式账簿

活页式账簿简称活页账,是将一定数量的账页置于活页夹内,可根据记账内容的变化而随时增加或减少部分账页的账簿。这类账簿的优点是记账时可根据实际需要,随时将空白账页装入账簿,或抽去不需要的账页,便于分工记账;其缺点是如果管理不善,可能会造成账页散失或被故意抽换账页。活页账一般适用于明细分类账。

c. 卡片式账簿

卡片式账簿简称卡片账,是将一定数量的卡片式账页存放于专设的卡片箱中,可随取随放。在我国,企业一般只对固定资产的明细核算采用卡片账,也有少数企业在材料核算中使用材料卡片。

1.1.3.3　账簿按账页格式分类

会计账簿按账页格式的不同,可分为三栏式、数量金额式、多栏式、横线登记式账簿。

a. 三栏式账簿

三栏式账簿是指设有借方、贷方和余额三个金额栏目的账簿。三栏式账簿适用于只需提供货币计量指标,不需(或不能)提供实物计量指标的经济业务,总账、各种日记账以及债权、债务等明细账采用三栏式账簿。其格式如表6-3所示。

▼表6-3▼

总　账

总 页 码	
本户页次	

会计科目名称及编号　.....................

年		凭证编号	摘　　要	借　方	贷　方	借或贷	余　额
月	日						

b. 数量金额式账簿

数量金额式账簿是指在账簿的借方、贷方和余额三个栏目内,每个栏目均再分设数量、单价和金额三小栏目的账簿。数量金额式账簿适用于既需提供货币计量指标,又需提供实物计量指标的经济业务,原材料、库存商品等明细账一般采用数量金额式账簿。其格式,如表6-4所示。

▼表6-4▼

原材料明细账

年		凭证编号	摘　要	收入			发出			结存		
月	日			数量	单价	金额	数量	单价	金额	数量	单价	金额

c. 多栏式账簿

多栏式账簿是指在账簿的两个金额栏目(借方或贷方)按需要分设若干专栏的账簿。这种账簿可按"借方"和"贷方"分别设专栏,也可以只设"借方"或"贷方"专栏,设多少栏则根据需要确定。制造费用、生产成本、收入、管理费用等明细账一般采用多栏式账簿。其格式,如表6-5所示。

▼表6-5▼

制造费用明细账

年		凭证编号	摘　要	借　方					
月	日			办公费	水电费	折旧费	职工薪酬	……	合计

d. 横线登记式账簿

横线登记式账簿又称平行式登记账簿,是指将前后密切相关的经济业务登记在同一行上,以便检查每笔业务的发生和完成情况的账簿。材料采购、在途物资等明细账一般采用横线登记式账簿。其格式,如表6-6所示。

▼表6-6▼

在途物资明细分类账

年		凭证编号	摘　要	借方金额			贷方金额			结余金额
月	日			买价	采购费用	合计	月	日	凭证编号	金额	

1.2　实践项目

1.2.1　专业判断力训练

问题:有人认为库存现金的核算,企业不仅应设置库存现金日记账和库存现金总分类账,同时还应设置库存现金明细分类账。

1.2.2 项目要求

作出判断并说明理由。

1.2.3 参考答案

出于管理的需要,会计既要进行总分类核算,又要进行明细分类核算,既要提供总括的核算资料,又要提供详细的核算资料。对于库存现金业务同样如此。库存现金核算中要设置库存现金总账,又要设置库存现金日记账。库存现金日记账就是一个提供库存现金增减变动详细情况的账簿,它称为"日记账",实际上是一个对经济业务逐日逐笔登记的明细账。所以设置了库存现金日记账,也就是设置了明细账,设置了一个特殊的明细账。

2 账簿的启用和登记

2.1 知识要素

2.1.1 账簿的启用

启用会计账簿时,应当在账簿的扉页上填制账簿启用表和经管账簿人员一览表,详细填明:单位名称、账簿名称、账簿号码、账簿页数和启用日期等信息,并在扉页右上角处贴印花税票。其格式如表 6-7 所示。

▼表 6-7▼

账 簿 启 用 表

账 簿 启 用 表						贴印花处
单位名称		(加盖公章)	负 责 人	职 务	姓 名	
账簿名称		账簿第 册	单位领导			
账簿号码	第 号	启用日期	年 月 日	会计主管		
账簿页数	本账簿共计		页	主办会计		

经 管 本 账 簿 人 员 一 览 表										
记 账 人 员			接管日期			移交日期			监交人员	备注
职务	姓名	盖章	年	月	日	年	月	日	职务 姓名	

2.1.2 账簿的登记规则

账簿的登记规则主要包括:

(1) 为了保证账簿记录的准确性,必须根据审核无误的会计凭证,及时地登记各种账簿。登记账簿时,应将会计凭证的日期、编号、摘要、金额等逐项登记入账,做到数字准确、摘要简明清楚、登记及时。

(2) 账簿登记完毕,应在记账凭证"记账"栏内划出"√"符号,表示已登记入账,以免重登、漏登,也便于查阅、核对,并在记账凭证"记账"处签名或盖章。

(3) 书写留空。账簿中书写的文字和数字上面要留有适当的空格,不要写满格,一般占格距1/2。留出空位,以便更正登记错误。

(4) 正常登账使用蓝黑墨水,特殊登账使用红色墨水。为了使账簿记录清晰,防止涂改,记账时必须使用蓝黑墨水或碳素墨水书写,不能使用铅笔或不符合规定的圆珠笔登账,红色墨水只能在结账划线、改错和冲账时使用。

(5) 必须按事先编写的页码,逐页、逐行连续登记账簿,不得隔页、缺号、跳行,如不慎发生上述问题,应在空行处或空白页用红色墨水对角划线注销,并注明"作废"字样,同时由经手人员和会计机构负责人在更正处盖章。各种账簿的账页不得任意抽换和撕毁,以防舞弊。

(6) "摘要"栏内的说明应简明扼要,文字要规范;"金额"栏的数字应与账页上标明的位数对准,各账户结出余额后,应在"借或贷"栏内写明"借"或"贷"字。没有余额的账户在"借或贷"栏内写"平"字,在"余额"栏内写"0"。

(7) 每一账页登记完毕,应在账页的最末一行加计本页发生额及余额,并在摘要栏内注明"转次页",同时在下一页的首行记入上页加计的发生额和余额,并在摘要栏内注明"承前页",以便对账和结账。

(8) 账簿记录发生错误时,不得刮、擦、挖、补,随意涂改或用涂改液更改,应根据错误的情况,按规定的方法进行更正。

2.1.3 账簿的更换

为了保持会计账簿资料的连续性,在每一会计年度结束,新的会计年度开始时,要进行账簿的更换。账簿更换的具体做法是:

(1) 总账、日记账和多数明细账应每年更换一次。年末,在旧账页最后一笔经济业务记录下的"摘要"栏内加盖"结转下年"的戳记;同时将旧账簿中各账户的余额直接记入新账簿中对应账户新账页的第一行"余额"栏内,在"摘要"栏内加盖"上年结转"戳记。

(2) 部分明细账,如固定资产明细账等,因年度内变动不多,年初可不必更换账簿。

(3) 备查账簿可以连续使用。

2.2 实践项目

2.2.1 账簿启用与更换业务实操

[业务 6.1]公司启用账簿的相关信息如下:

单位名称:东方有限公司。

启用时间:2017 年 1 月 1 日。

账簿名称:应收账款明细账。

账簿号码:第1册1号。

单位人员:单位领导(总经理、张力),会计主管(财务总监、王海),主办会计(会计、刘梅)。

2.2.2 项目要求

将东方有限公司应收账款启用账簿的信息填入表6-8中,加盖公章并贴印花税票。

▼ 表6-8 ▼

账簿启用表

账 簿 启 用 表						贴印花处
单位名称		(加盖公章)	负责人	职务	姓名	
账簿名称		账簿第 册	单位领导			
账簿号码	第 号	启用日期 年 月 日	会计主管			
账簿页数	本账簿共计 页		主办会计			

经管本账簿人员一览表										
记账人员			接管日期			移交日期			监交人员	备注
职务	姓名	盖章	年	月	日	年	月	日	职务 姓名	

2.2.3 业务处理结果

[业务6.1]的处理结果如表6-9所示。

▼ 表6-9 ▼

账簿启用表

账 簿 启 用 表						贴印花处
单位名称	东方有限公司	(加盖公章)	负责人	职务	姓名	5元印花税2017
账簿名称	应收账款明细账	账簿第1册	单位领导	总经理	张力	
账簿号码	第1号	启用日期 2017年1月1日	会计主管	财务总监	王海	
账簿页数	本账簿共计 页		主办会计	会计	刘梅	

经管本账簿人员一览表										
记账人员			接管日期			移交日期			监交人员	备注
职务	姓名	盖章	年	月	日	年	月	日	职务 姓名	
会计	刘梅	刘梅	2017	1	1					

3 对账与结账的方法

3.1 知识要素

3.1.1 对账

对账就是核对账目,是对账簿记录所进行的核对工作。

在会计核算工作中,由于种种原因,有时难免会发生各种差错和账实不符的现象。对账工作一般在月末进行,即在记账之后结账之前进行。

对账一般可分为账证核对、账账核对和账实核对。

3.1.1.1 账证核对

账证核对是指将账簿记录与会计凭证相核对,这是保证账账相符、账实相符的基础。

账簿是根据经过审核之后的会计凭证登记的,但实际工作中仍有可能发生账证不符的情况,记账后,应将账簿记录与会计凭证核对,核对账簿记录与原始凭证、记账凭证的时间、凭证字号、内容、金额等是否一致,记账方向是否相符,做到账证相符。

3.1.1.2 账账核对

账账核对是指各种账簿之间有关数字应核对相符,主要包括:

(1)总分类账簿之间的核对。总分类账簿各账户的期初余额、本期发生额和期末余额之间存在对应的平衡关系,各账户的期末借方余额合计和贷方余额合计也存在平衡关系。这项核对工作通常采用编制"试算平衡表"来完成。

(2)总分类账簿与所属明细分类账簿之间的核对。总分类账各账户的期末余额应与其所属的各明细分类账的期末余额之和核对相符。

(3)总分类账簿与序时账簿之间的核对。库存现金总账和银行存款总账的期末余额,与库存现金日记账和银行存款日记账的期末余额是否相符。

(4)明细分类账簿之间的核对。例如,会计部门有关实物资产的明细账与财产物资保管部门的明细账定期核对,以检查其余额是否相符。核对的方法一般是由财产物资保管部门定期编制收发结存汇总表报会计部门核对。

3.1.1.3 账实核对

账实核对是指各项财产物资、债权债务等账面余额与实有数额之间的核对。账实核对的内容主要包括:

(1)库存现金日记账账面余额与库存现金实际库存数逐日核对是否相符。

(2)银行存款日记账账面余额与银行对账单的余额定期核对是否相符。

(3)各项财产物资明细账账面余额与财产物资的实有数额定期核对是否相符。

(4)有关债权债务明细账账面余额与对方单位的债权债务账面记录核对是否相符。

3.1.2 结账

为了总结某一会计期间的经营活动情况,必须定期进行结账。

结账是把一定时期内发生的经济业务在全部登记入账的基础上,将各种账簿记录结出"本期发生额"和"期末余额",然后编制会计报表。

企业在月末、季末、年末,为了编制会计报表,需要进行结账,具体包括月结、季结和年结。

结账的具体做法是:

(1)在结账前,应先检查本期所发生的各类经济业务是否都已填制会计凭证并登记入账。对已发生的债权、债务、所有者权益、费用,已实现的收入,已完工的产品成本,已查明的财产物资的盘盈、盘亏等,都应在结账前全部登记入账。

(2)按《企业会计准则》的要求,结转各收入、费用和成本账户,计算本期的产品生产成本、产品销售成本、营业成本和期间成本,确定本期的财务成果;并结转"本年利润"及"利润分配"账户。

(3)会计期末时,要分别结出各种日记账、总分类账、明细分类账的本期发生额和期末余额,并按规定在账簿上结账。

(4)月度结账时,在各账户的最后一笔经济业务记录下面划通栏单红线,在这条单红线下行结出本月发生额和余额,并在这行摘要栏内注明"本月发生额及期末余额"或"本月合计"或"月结"字样。

(5)季度结账应在本季度最后1个月的结账数字下边划一条通栏单红线,把本季度3个月的借、贷双方月结数汇总,并在摘要栏内注明"本季度发生额合计及季末余额"或"本季合计"或"季结"字样。

(6)年度结账时,应将4个季度的借方和贷方季结加以汇总,在12月份季结下行的摘要栏内注明"本年发生额及年末余额"或"本年合计"或"年结"字样,并在本行上下端划通栏双红线,表示本年度账簿记录已经结束,即"封账"。年度结账后,将各账户的年末余额转入下年度的新账簿中。具体做法,如表6-10所示。

▼ 表6-10 ▼

总　账

会计科目名称及编号 ....

2016 年		凭证编号	摘　要	借　方	贷　方	借或贷	余　额
月	日						
1	1		上年结转			×	××
...							
1	31		本月合计	××	××	×	××
...							
~	~	~	~	~	~	~	~
3	30						
3	31		本月合计	××	××	×	××
3	31		本季合计	××	××	×	××
~	~	~	~	~	~	~	~
12	30						
12	31		本月合计	××	××	×	××
12	31		本季合计	××	××	×	××
12	31		本年合计	××	××	×	××
			结转次年				

注:——表示账页格线; ∽ 表示账页省略; ——表示通栏单红线; ══表示通栏双红线。

3.2 实践项目

3.2.1 日记账登记实操

3.2.1.1 库存现金日记账登记业务

[业务6.2]某企业2016年5月1日库存现金日记账余额为3 000元,5月份发生经济业务资料如下:

(1) 1日,从银行提取现金500元备用。

(2) 2日,用库存现金支付管理人员张红预借差旅费800元。

(3) 5日,张红报销差旅费600元,余额退回现金。

(4) 20日,用库存现金购买办公用品300元。

(5) 31日,从银行提取现金50 000元,备发工资。

(6) 31日,用库存现金发放工资50 000元。

3.2.1.2 项目要求

编写上述业务的会计分录,并登记入库存现金日记账。库存现金日记账,如表6-11所示。

▼表6-11▼

库存现金日记账

第×页

年		凭证编号	摘 要	借 方	贷 方	借或贷	余 额
月	日						

3.2.1.3 业务处理结果

上述经济业务编制会计分录为:

(1) 借:库存现金　　　　　　　　　　　　　　500

　　　贷:银行存款　　　　　　　　　　　　　　　500(银付字01号)

(2) 借:其他应收款——张红　　　　　　　　800

　　　贷:库存现金　　　　　　　　　　　　　　　800(现付字01号)

(3) 借:管理费用——差旅费　　　　　　　　600

　　　　库存现金　　　　　　　　　　　　　200

　　　贷:其他应收款——张红　　　　　　　　　800(现收字01号)

(4) 借:管理费用——办公费　　　　　　　　300

　　　贷:库存现金　　　　　　　　　　　　　　　300(现付字02号)

（5）借：库存现金 50 000

贷：银行存款 50 000（银付字 02 号）

（6）借：应付职工薪酬——工资 50 000

贷：库存现金 50 000（现付字 03 号）

登记的库存现金日记账，如表 6-12 所示。

▼ 表 6-12 ▼

库存现金日记账   第×页

2016 年		凭证编号	摘 要	借 方	贷 方	借或贷	余 额
月	日						
5	1		期初余额			借	3 000
5	1	银付字 01 号	提取现金	500		借	3 500
5	2	现付字 01 号	支付张红差旅费		800	借	2 700
5	5	现收字 01 号	张红报销差旅费	200		借	2 900
5	20	现付字 02 号	购买办公用品		300	借	2 600
5	30	银付字 02 号	提取现金	50 000		借	52 600
5	31	现付字 03 号	发放工资		50 000	借	2 600
			本月合计	50 700	51 100	借	2 600

3.2.2 原材料的登记与核对

3.2.2.1 核算资料

[业务 6.3]2016 年 12 月 1 日，华夏公司"原材料"总分类账户的期初余额如表 6-13 所示；其所属甲材料和乙材料明细分类账户的期初余额如表 6-14 和表 6-15 所示。

▼ 表 6-13 ▼

总 账

会计科目名称及编号 原材料

2016 年		凭证编号	摘 要	借 方	贷 方	借或贷	余 额
月	日						
12	1		期初余额			借	88 000
...							

▼ 表 6-14 ▼

原材料明细账

材料名称：甲材料

2016 年		凭证编号	摘 要	收入			发出			结存		
月	日			数量	单价	金额	数量	单价	金额	数量	单价	金额
12	1		期初余额							60	300	18 000

注：数量单位：吨；单价单位：元/吨。

▼ 表6-15 ▼

原材料明细账

材料名称：乙材料

2016年		凭证编号	摘　要	收入			发出			结存		
月	日			数量	单价	金额	数量	单价	金额	数量	单价	金额
12	1		期初余额							200	350	70 000

注：数量单位：件；单价单位：元/件。

华夏公司2016年12月份发生下列经济业务：

(1) 14日，采购的甲材料、乙材料已验收入库，货款尚未支付（暂不考虑增值税）。采购材料汇总表如表6-16所示。

▼ 表6-16 ▼

采购材料汇总表

材料名称	单价	数量	金额（元）
甲材料	300元/吨	50吨	15 000
乙材料	350元/件	100件	35 000
合　计			50 000

(2) 25日，汇总发出材料，发出材料汇总表如表6-17所示。

▼ 表6-17 ▼

发出材料汇总表

材料名称	单价	数量	金额（元）
甲材料	300元/吨	40吨	12 000
乙材料	350元/件	120件	42 000
合　计			54 000

3.2.2.2　项目要求

编写上述业务的会计分录，登记原材料明细账和总账，并进行总账与明细账的核对，有关账表如表6-18至表6-21所示。

▼ 表6-18 ▼

原材料明细分类账

材料名称：甲材料

2016年		凭证编号	摘　要	收入			发出			结存		
月	日			数量	单价	金额	数量	单价	金额	数量	单价	金额
12	1		期初余额							60	300	18 000

▼ 表 6-19 ▼

原材料明细分类账

材料名称:乙材料

2016 年		凭证编号	摘 要	收入			发出			结存		
月	日			数量	单价	金额	数量	单价	金额	数量	单价	金额
12	1		期初余额							200	350	70 000

▼ 表 6-20 ▼

总 账

会计科目名称及编号: 原材料

2016 年		凭证编号	摘 要	借 方	贷 方	借或贷	余 额
月	日						
12	1		期初余额			借	88 000
...							

▼ 表 6-21 ▼

总账与明细账核对表

账户名称	期初余额	本期增加额	本期减少额	期末余额
原材料总账				
原材料明细账余额小计	—	—	—	—
其中:甲材料				
乙材料				

3.2.2.3 业务处理结果

编制会计的分录:

(1) 材料采购业务。

借:原材料——甲材料　　　　　　　　　　15 000

　　　　——乙材料　　　　　　　　　　35 000

　贷:应付账款　　　　　　　　　　50 000(转字 01 号)

(2) 材料发出业务。

借：生产成本　　　　　　　　　　　　　　　　　　　　54 000
　　贷：原材料——甲材料　　　　　　　　　　　　　　12 000
　　　　　　　　——乙材料　　　　　　　　　　　42 000（转字 02 号）

甲材料、乙材料明细账的登记，如表 6-22 和表 6-23 所示。

▼表 6-22 ▼

原材料明细分类账

材料名称：甲材料

2016年		凭证编号	摘　要	收入			发出			结存		
月	日			数量	单价	金额	数量	单价	金额	数量	单价	金额
12	1		期初余额							60	300	18 000
12	14	（略）	购买材料	50	300	15 000				110	300	33 000
12	25	（略）	领用材料				40	300	12 000	70	300	21 000
12	31		本月合计	50	300	15 000	40	300	12 000	70	300	21 000

▼表 6-23 ▼

原材料明细分类账

材料名称：乙材料

2016年		凭证编号	摘　要	收入			发出			结存		
月	日			数量	单价	金额	数量	单价	金额	数量	单价	金额
12	1		期初余额							200	350	70 000
12	14	（略）	购买材料	100	350	35 000				300	350	105 000
12	25	（略）	领用材料				120	350	42 000	180	350	63 000
12	31		本月合计	100	350	35 000	120	350	42 000	180	350	63 000

原材料总账的登记结果，如表 6-24 所示。

▼表 6-24 ▼

总　账

会计科目名称及编号：　原材料

2016年		凭证编号	摘　要	借　方	贷　方	借或贷	余　额
月	日						
12	1		期初余额			借	88 000
12	14	转字 01 号	购买甲材料	15 000		借	103 000
12	14	转字 01 号	购买乙材料	35 000		借	138 000
12	25	转字 02 号	领用甲材料		12 000	借	126 000
12	25	转字 02 号	领用乙材料		42 000	借	84 000
12	31		本月合计	50 000	54 000	借	84 000

总账与明细账的对账结果,如表6-25所示。

▼表6-25▼

总账与明细账核对表

账户名称	期初余额	本期增加额	本期减少额	期末余额
原材料总账	88 000	50 000	54 000	84 000
原材料明细账余额小计	88 000	50 000	54 000	84 000
其中:甲材料	18 000	15 000	12 000	21 000
乙材料	70 000	35 000	42 000	63 000

3.2.3 结账实操

3.2.3.1 业务资料

[业务6.4]甲材料明细账12月份的业务处理情况,如表6-26所示。

▼表6-26▼

原材料明细分类账

材料名称:甲材料

2016年		凭证编号	摘要	收入			发出			结存		
月	日			数量	单价	金额	数量	单价	金额	数量	单价	金额
12	1		期初余额							60	300	18 000
			(略)									
			(略)									

3.2.3.2 项目要求

进行甲材料明细账的结账业务,结账结果反映在表6-27中。

3.2.3.3 业务处理结果

结账期是2016年12月月末,结账包括月结、季结和年结。甲材料明细账的结账情况,如表6-27所示。

▼表6-27▼

原材料明细分类账

材料名称:甲材料

2016年		凭证编号	摘要	收入			发出			结存		
月	日			数量	单价	金额	数量	单价	金额	数量	单价	金额
12	1		期初余额							60	300	18 000
12	14	(略)	购买材料	50	300	15 000				110	300	33 000
12	25	(略)	领用材料				40	300	12 000	70	300	21 000

（续表）

2016年		凭证编号	摘 要	收入			发出			结存		
月	日			数量	单价	金额	数量	单价	金额	数量	单价	金额
12	31		本月合计	50	300	15 000	40	300	12 000	70	300	21 000
			本季合计	××	××	××	××	××	××	70	300	21 000
			本年合计	××	××	××	××	××	××	70	300	21 000
			结转次年							70	300	21 000

注：——表示通栏单红线；——表示通栏双红线。

4 错账查找与更正方法

4.1 知识要素

4.1.1 错账查找

在手工记账过程中，可能会发生各种各样的差错，如重记、漏记、数字颠倒、数字错位、数字记错、科目记错、借贷方向记反等，从而影响会计信息的正确性，应及时找出差错，并予以更正。错账查找的方法主要有差数法、尾数法、除2法、除9法。

4.1.1.1 差数法

差数法是指按照错账的差数查找错账的方法。在记账过程中只登记了会计分录的借方或贷方，漏记了另一方，试算平衡中借方合计与贷方合计便不相等。例如，借方金额遗漏，会使该金额在贷方超出；贷方金额遗漏，会使该金额在借方超出。差数法可以简便、有效地发现漏记账目的错误。

4.1.1.2 尾数法

尾数法是指对于发生的差错只查找末位数，以提高查错效率的方法。这种方法适用于试算平衡中借方合计与贷方合计金额其他位数相同，只有末位数出现差错的情况。

4.1.1.3 除2法

除2法也称倍数法，是根据试算平衡中借方合计和贷方合计的差额除以2的商数来查找错账的方法。当某个借方金额错记入贷方（或相反）时，出现错账的差数表现为错误余额的2倍，将此差数用2去除，得出的商即记错方反向的金额。

4.1.1.4 除9法

除9法是指以借方和贷方的差额除以9来查找错账的方法，适用于以下三种情况：

（1）将数字写小。例如，将500写成50，错误数字小于正确数字9倍。查找的方法是：以差数除以9得出的商即为写错的数字，商乘以10即为正确的数字。上例差数450除以9，商50即为差数，扩大10倍后即可得出正确的数字500。

（2）将数字写大。例如，将30写成300，错误数字大于正确数字9倍。查找的方法是：以差数除以9得出的商为正确的数字，商乘以10即为错误的数字。上例差数270除以 9,商 30 即为正确数字,30 乘以 10 为错误的数字 300。

(3) 数颠倒。查找的方法是:将差数除以 9,得出的商连续加 11,直到找出颠倒的数字为止。

4.1.2 错账更正的方法

在记账过程中,由于种种原因会使账簿记录发生错误。对于已发生的账簿记录错误,应该采用正确、规范的方法予以更正,不得涂改、挖补、刮擦或用涂改液修改。错账更正方法一般有划线更正法、红字更正法和补充登记法三种。

4.1.2.1 划线更正法

在结账前发现账簿记录有文字或数字错误,而记账凭证没有错误,采用划线更正法。

更正时,在错误的文字或数字上划一条红线,在红线的上方填写正确的文字或数字,并由记账人员在更正处盖章,以明确责任。

金额发生错误不得只划销错误数字,应将全部数字划销,并保持原有数字清晰可辨。例如,把"5 800"元误写为"8 500"元时,应将错误数字"8 500"全部用红线划销,而不是只划销"85"两个数字,随后在错误数字上面写上正确的数字"5 800",并在更正处盖章。

4.1.2.2 红字更正法

红字更正法,适用于以下两种情形。

第一种情形:记账后发现记账凭证中应借、应贷会计科目有错误或金额有错误,并已登记入账的情况。

更正时,先用红字填制一张内容与错误记账凭证完全相同的记账凭证,并在摘要中写明"更正第×号凭证错误",并据以用红字登记入账,冲销原有错误的记录;然后,再用蓝字重新填写一张正确的记账凭证,并据以用蓝字登记入账。

例如,车间领用材料 3 000 元生产产品。填制记账凭证时,误将借方账户写成"制造费用",并登记入账。

更正时,用红字填制一张与原错误记账凭证内容完全相同的记账凭证:

借:制造费用 　　　　　　　　　　　　　　　　　　　　　　　　　　　 3 000

　贷:原材料 　　　　　　　　　　　　　　　　　　　　　　　　　　　　　 3 000

注:□表示红字

据以用红字登记入账。

再用蓝字填制一张正确的记账凭证;

借:生产成本 　　　　　　　　　　　　　　　　　　　　　　　　　　　 3 000

　贷:原材料 　　　　　　　　　　　　　　　　　　　　　　　　　　　　　 3 000

用蓝字登记入账。

第二种情形:记账后发现记账凭证和账簿记录中应借、应贷会计科目无误,只是所记金额大于应记金额所引起的记账错误。

更正的方法是:按多记的金额用红字编制一张与记账凭证应借、应贷科目完全相同的记账凭证,在摘要栏内写明"冲销第×号凭证多记金额",以冲销多记金额,据以用红字登记入账。

例如,企业提取现金2 000元。填制记账凭证时,将金额写成20 000元。为了更正多记的18 000元,用红字填制记账凭证如下:

借:库存现金 18 000

　　贷:银行存款 18 000

据以登记入账。

4.1.2.3　补充登记法

记账后发现记账凭证和账簿记录中应借、应贷会计科目无误,只是所记金额小于应记金额时,采用补充登记法。

更正的方法是:按少记的金额用蓝字填制一张与原记账凭证应借、应贷科目完全相同的记账凭证,在摘要栏内写明"补记第×号凭证少记金额",以补充少记的金额,并据以用蓝字登记入账。

例如,企业提取现金3 000元。在填制记账凭证时,应借、应贷科目没有错误,只是把金额3 000元写成300元了,并登记入账。

更正的方法是,按少记的金额2 700元,填制一张借贷科目相同的蓝字记账凭证,将少记的金额2 700元补足,编制记账凭证如下:

借:库存现金 2 700

　　贷:银行存款 2 700

据以登记入账。

4.2　实践项目

4.2.1　划线更正法错账更正实操

4.2.1.1　错账情况

[业务6.5]账簿登记后,发现记账凭证无误,但金额出现登记错误,将6 800元写成了8 600元,如图6-1所示。

借方金额											贷方金额										
亿	千	百	十	万	千	百	十	元	角	分	亿	千	百	十	万	千	百	十	元	角	分
				8	6	0	0	0	0												

图6-1　记账凭证

4.2.1.2　项目要求

采用划线更正法更正上述记账错误。

4.2.1.3　问题分析及处理结果

此错账是由于账簿登记时金额记错,而记账凭证无误,因此可采用划线更正法更正错误。更正情况如图6-2所示。

借方金额										贷方金额									
亿	千	百	十	万	千	百	十	元	角	分	亿	千	百	十	万	千	百	十	元	角	分
				6	8	0	0	0	0	0	×××
				8	6	0	0	0	0	0	

图 6-2 划线更正法更正图示

4.2.2 红字更正法错账更正实操

4.2.2.1 错账情况

[业务 6.6]2016 年 6 月 10 日,会计人员账簿登记后,发现 6 月 5 日用工商银行存款支付的前欠南方公司的货款 50 000 元,填制记账凭证(银付字第 10 号)时误将"应付账款"账户写成了"应收账款"账户,并据以登记入账。

4.2.2.2 项目要求

采用红字更正法更正上述错账。有关单账如表 6-28 至表 6-33 所示。

▼表 6-28 ▼

记 账 凭 证

年 月 日   字第 号

摘 要	会 计 科 目		借方金额	贷方金额	记账√
	总账科目	明细科目			
附件 张	合 计				

会计主管   记账   出纳   审核   制证

▼表 6-29 ▼

应收账款明细账

单位名称:南方公司

2016 年		凭证编号	摘 要	借 方	贷 方	借或贷	余 额
月	日						
6	1		期初余额			借	×××
6	5	银付字第 10 号	支付欠南方公司的货款	50 000		借	×××
...							

117

▼表 6-30 ▼

银行存款日记账

2016 年		凭证编号	摘　要	对方科目	票号	借方	贷方	借或贷	余额
月	日								
6	1		期初余额					借	×××
6	5	银付字第10号	支付欠款	应收账款	略		50 000	借	×××
…									

▼表 6-31 ▼

记　账　凭　证

年　　月　　日　　　　　　　　　　　　　　　　字第　　号

摘　要	会 计 科 目		借方金额	贷方金额	记账√
	总账科目	明细科目			
附件　张	合　　计				

会计主管　　　　　　记账　　　　　　出纳　　　　　　审核　　　　　　制证

▼表 6-32 ▼

应付账款明细账

单位名称：

年		凭证编号	摘　要	借方	贷方	借或贷	余　额
月	日						

▼表 6-33 ▼

银行存款日记账

年		凭证编号	摘　要	对方科目	票号	借　方	贷　方	借或贷	余　额
月	日								

4.2.2.3 业务分析及处理结果

此错账是由于记账凭证账户有误,从而账簿登记有误,因此采用红字更正法更正错账。

第一步,用红字填写一张与错误记账凭证内容相同的记账凭证,如表6-34所示。

▼ 表6-34 ▼

记 账 凭 证

2016 年 6 月 10 日　　　　　　　　　　　银付字第 17 号

摘　　要	会 计 科 目		借方金额	贷方金额	记账√
	总账科目	明细科目			
更正第 10 号	应收账款	南方公司	**50 000**		√
凭证错误	银行存款	工商银行		**50 000**	√
附件 0 张	合　　计		￥**50 000**	￥**50 000**	

会计主管　　　　　　记账　　　　　　出纳　　　　　　审核　　　　　　制证:××

注:表中加黑的字体表示红字,下同。

第二步,根据上列红字凭证登记有关账簿,如表6-35和表6-36所示。

▼ 表6-35 ▼

应收账款明细账

单位名称:南方公司

2016 年		凭证编号	摘　　要	借方	贷方	借或贷	余　额
月	日						
6	1		期初余额			借	×××
6	5	银付字第 10 号	支付欠南方公司的货款	50 000		借	×××
6	10	银付字第 17 号	更正第 10 号凭证错误	**50 000**		借	×××
...							

▼ 表6-36 ▼

银行存款日记账

2016 年		凭证编号	摘　　要	对方科目	票号	借 方	贷 方	借或贷	余　额
月	日								
6	1		期初余额					借	×××
6	5	银付字第 10 号	支付欠款	应收账款	略		50 000	借	×××
6	10	银付字第 17 号	更正第 10 号凭证错误	应收账款	略		**50 000**	借	×××
...									

第三步,用蓝字填制正确的记账凭证,如表6-37所示。

▼表6-37▼

记 账 凭 证

2016 年 6 月 10 日   银付字第 18 号

摘　要	会 计 科 目		借 方 金 额	贷 方 金 额	记账√
	总账科目	明细科目			
更正第 10 号	应付账款	南方公司	50 000		√
凭证错误	银行存款	工商银行		50 000	√
附件 0 张	合　　计		￥50 000	￥50 000	

会计主管   记账   出纳   审核   制证:××

第四步,根据上列蓝字记账凭证登记有关账簿,如表6-38和表6-39所示。

▼表6-38▼

应付账款明细账

单位名称:南方公司

2016 年		凭证编号	摘　　要	借方	贷方	借或贷	余　额
月	日						
6	1		期初余额			贷	×××
6	10	银付字第 18 号	更正第 10 号凭证错误	50 000		贷	×××
…							

▼表6-39▼

银行存款日记账

2016 年		凭证编号	摘　要	对方科目	票号	借　方	贷　方	借或贷	余　额
月	日								
6	1		期初余额					借	×××
6	5	银付字第 10 号	支付欠款	应收账款	(略)		50 000	借	×××
6	10	银付字第 17 号	更正第 10 号凭证错误	应收账款	(略)		**50 000**	借	×××
6	10	银付字第 18 号	更正第 10 号凭证错误	应付账款			50 000	借	×××
…									

4.2.3　补充登记法错账更正实操

4.2.3.1　错账情况

[业务 6.7]2016 年 6 月 15 日,在账簿登记后,发现 6 月 12 日从工商银行提取现金

2 000元,填制的记账凭证(银付字第12号)上将金额写成200元。

4.2.3.2　项目要求

采用补充登记法更正上述错账。有关单账如表6-40、表6-41和表6-42所示。

▼表6-40▼

记 账 凭 证

年　　月　　日　　　　　　　　　　　　　字第　　号

摘　　要	会 计 科 目		借 方 金 额	贷 方 金 额	记账√
	总账科目	明细科目			
附件　　张	合　　计				

会计主管　　　　　记账　　　　　出纳　　　　　审核　　　　　制证

▼表6-41▼

库存现金日记账

年		凭证编号	摘　　要	借方	贷方	借或贷	余　额
月	日						

▼表6-42▼

银行存款日记账

年		凭证编号	摘　　要	对方科目	票号	借方	贷方	借或贷	余额
月	日								

4.2.3.3　业务分析及处理结果

该经济业务的发生,导致记账凭证、库存现金日记账和银行存款日记账账簿上的金额少记了1 800元,因此,采用补充登记法更正错账。

第一步,用蓝字填制一张与原记账凭证借、贷内容相同的记账凭证,金额为1 800元,填制的记账凭证如表6-43所示。

▼表6-43▼

记 账 凭 证

2016 年 6 月 15 日　　　　　　　　　　银付字第 20 号

摘　　要	会 计 科 目		借 方 金 额	贷 方 金 额	记账√
	总账科目	明细科目			
补记第 12 号	库存现金		*1 800*		√
凭证少记金额	银行存款	工商银行		*1 800*	√
附件 0 张	合　　计		￥1 800	￥1 800	

会计主管　　　　记账　　　　出纳　　　　审核　　　　制证:××

第二步,根据上列蓝字凭证登记有关"库存现金日记账"和"银行存款日记账",如表6-44和表6-45所示。

▼表6-44▼

库存现金日记账

2016 年		凭证编号	摘　要	借 方	贷 方	借或贷	余 额
月	日						
6	1		期初余额			借	×××
6	12	银付字第12号	提取现金	200		借	×××
6	15	银付字第20号	补记第12号凭证少记金额	1 800		借	×××
…							

▼表6-45▼

银行存款日记账

2016 年		凭证编号	摘　要	对方科目	票号	借方	贷方	借或贷	余额
月	日								
6	1		期初余额					借	×××
6	12	银付字第12号	提取现金	库存现金	(略)		200	借	×××
6	15	银付字第20号	补记第12号凭证少记金额	库存现金	(略)		1 800	借	×××
…									

【专题小结】

会计账簿是指由一定格式的账页组成的,以经过审核的会计凭证为依据,全面、系统、连续地记录各项经济业务的簿籍。每一个会计主体都应当根据本单位经济业务的特点和经营管理的需要,设置一套适合自己需要的会计账簿。设置和登记账簿,是编制财务报表的基础,是连接会计凭证和财务报表的中间环节。

会计账簿按用途的不同,分为序时账簿、分类账簿和辅助账簿;按外表形式分为订本式、活页式和卡片式账簿;按账页格式的不同,分为三栏式、数量金额式、多栏式、横线登记式账簿。

企业对会计账簿的启用、更换以及登账的规则应严格按照我国《会计法》的规定。

会计账簿一般在月末要对账,对账包括账证核对、账账核对和账实核对。对账之后要进行结账,包括月结、季结和年结。

会计账簿在登记时,由于各种各样的原因难免会出现差错,从而影响会计信息的准确性,应及时找出差错,并予以更正。错账查找的方法主要有差数法、尾数法、除2法和除9法等;错账更正的方法一般有划线更正法、红字更正法和补充登记法三种。

通过账簿记录,既能对经济活动进行序时核算,又能进行分类核算;既可提供各项总括的核算资料,又可提供明细核算资料。年度终了,各种账户在结转下年、建立新账后,一般应将旧账集中统一管理。会计账簿暂由本单位财务会计部门保管1年,期满后,由本单位财务会计部门编造清册移交本单位的档案部门保管。

【主要概念】

1. 序时账簿　2. 分类账簿　3. 备查账簿　4. 订本式账簿　5. 活页式账簿　6. 卡片式账簿　7. 三栏式账簿　8. 数量金额式账簿　9. 多栏式账簿　10. 对账　11. 结账　12. 划线更正法　13. 红字更正法　14. 补充登记法

【思考题】

1. 会计账簿的种类有哪些?

2. 会计账簿对账的内容包括哪些?怎样对账?

3. 会计账簿结账的种类包括哪些?怎样结账?

4. 错账更正的方法有哪些?怎样更正?

【练习题】

(一) 单项选择题

1. 库存现金日记账从外表形式上一般采用(　　)账簿。

　　A. 活页式　　　　　B. 订本式　　　　　C. 卡片式　　　　　D. 三栏式

2. 对于临时租用的机床登记在(　　)。

　　A. 分类账　　　　　B. 日记账　　　　　C. 备查账　　　　　D. 日记总账

3. 生产成本明细账的格式一般采用(　　)。

　　A. 三栏式　　　　　　　　　　　　　　B. 多栏式

　　C. 数量金额式　　　　　　　　　　　　D. 横线登记式

4. 记账人员根据记账凭证登账时,误将 300 元记为 800 元,更正这种记账错误应采用(   )。

    A. 红字更正法   B. 补充登记法

    C. 划线更正法   D. 任意一种更正错误的方法

5. 企业结账的时间应为(   )。

    A. 每项经济业务终了时   B. 一定时期终了时

    C. 每天工作完了时   D. 会计报表编制完成时

(二)银行存款日记账登记实操

某企业 2016 年 5 月 1 日,银行存款日记账余额为 300 000 元,5 月份发生的经济业务资料如下:

(1) 1 日,从银行提取现金 500 元备用。

(2) 10 日,以银行存款归还短期借款 50 000 元。

(3) 15 日,收到应收账款 30 000 元,存入银行。

(4) 25 日,用银行存款支付广告费 10 000 元。

(5) 30 日,从银行提取现金 60 000 元,备发工资。

项目要求:编写上述业务的会计分录,并登记入银行存款日记账,如表 6-46 所示。

▼ 表 6-46 ▼

银行存款日记账　　　　　　　　　　第×页

| 2016年 | | 凭证编号 | 摘　要 | 对方科目 | 票号 | 借　方 | 贷　方 | 借或贷 | 余　额 |
月	日								
5	1		期初余额					借	300 000

(三)生产成本明细账登记实操

2016 年 4 月 30 日,甲产品的在产品成本为 15 000 元,其中直接材料 9 000 元、直接人工 3 500 元、制造费用 2 500 元。5 月份发生下列经济业务:

(1) 5 月 2 日,车间领用甲材料 150 000 元生产甲产品。

(2) 5 月 28 日,计算分配本月职工工资,其中甲产品生产工人工资 30 000 元。

(3) 5 月 31 日,本月发生的制造费用,甲产品分配的是 25 000 元。

(4) 5 月 31 日,结转完工入库甲产品成本 207 500 元,其中直接材料 151 000 元、直接人工 31 500 元、制造费用 25 000 元。

项目要求:编写上述业务的会计分录,并登记入生产成本明细账,如表 6-47 所示。

▼表6-47▼

生产成本明细账

2016年		凭证编号	摘 要	直接材料	直接人工	制造费用	合计
月	日						
5	1		期初余额	9 000	3 500	2 500	15 000

（四）错账更正实操

资料：2016年5月31日，某生产企业将账簿记录与记账凭证进行核对时，发现下列经济业务记录的错误：

（1）收到南方公司偿还上月所欠货款9 600元，其会计分录（银收字第02号）为：

借：银行存款——工商银行　　　　　　　　　　　6 900
　　贷：应收账款——南方公司　　　　　　　　　　　6 900

（2）5月12日，车间管理人员王丽报销差旅费3 000元，王丽曾于5月8日借差旅费3 000元，其会计分录（转字第05号）为：

借：管理费用——差旅费　　　　　　　　　　　　3 000
　　贷：其他应收款——王丽　　　　　　　　　　　　3 000

（3）用库存现金支付销售部门的广告费100元。其会计分录（现付字第07号）为：

借：销售费用——广告费　　　　　　　　　　　　1 000
　　贷：库存现金　　　　　　　　　　　　　　　　1 000

（4）5月28日从银行提取现金500元。其会计分录（银付字第18号）为：

借：库存现金　　　　　　　　　　　　　　　　　500
　　贷：银行存款　　　　　　　　　　　　　　　　500

账簿登记后，发现账簿登记时将金额500元写成600元了。

专题七

财 产 清 查

学习目标

1. 了解财产清查的意义。
2. 熟悉财产清查的内容及方法。
3. 掌握财产清查结果的账务处理方法。

1 财产清查的意义和种类

1.1 知识要索

会计核算的重要任务之一就是要保证会计核算资料的客观、真实以及企业单位财产物资的安全与完整。财产清查则是实现这一任务的重要手段。

1.1.1 财产清查的概念和意义

1.1.1.1 财产清查的概念

财产清查就是指通过对各种实物资产、现金实地盘存和对银行存款、债权债务的核对或查询,来确定企业单位财产和负债的实际结存数与账面结存数是否相符的一种专门的方法。

1.1.1.2 财产清查的意义

财产清查对于保证会计信息的客观与真实,保护企业单位财产物资的安全与完整具有重要的作用。

第一,保证会计核算资料的真实可靠,提高会计信息的质量。通过财产清查,可以确定各项财产物资的实有数,并通过实有数与账存数之间的相互核对,确定账实相符的程度,查明发生盘盈盘亏的原因及责任,做到账实相符,保证会计核算资料的真实可靠,提高会计信息的质量。

第二,保护财产的安全与完整。通过财产清查,可以查明各项财产物资的保管情况是否良好,有无损失浪费、霉烂变质和挪用、盗窃等问题,从而查明原因进行及时处理。同时,要从中吸取教训,采取措施,堵塞漏洞,建立健全各项物资管理制度,保护企业财产物资的安全与完整。

第三,有利于挖潜增效,加速资金周转。通过财产清查,可以了解企业各项实物资产的储存、利用、保管情况,及时处理积压闲置的资产,调剂余缺,充分挖掘财产物资的潜力,加速资金周转。

第四,有利于相关规章制度的建立与完善,提高企业的管理水平。

1.1.2 财产清查的种类

财产清查工作可以按不同的标志进行分类,主要的分类方法有以下三种。

1.1.2.1 按清查对象的范围分类

财产清查按清查对象的范围划分,可分为全面清查和局部清查。

全面清查是指对企业的全部的财产和负债所进行的盘点或核对,全面清查的对象有:

(1) 库存现金、银行存款和其他货币资金。

(2) 固定资产、原材料、在产品、产成品等实物资产。

(3) 在途物资与资金。

(4) 各项债权债务。

（5）委托其他单位代保管、代加工的各项材料物资等。

全面清查的范围广，参加部门和人员多，工作量大，一般情况下，全面清查包括：

（1）年底结账前，为了确保全年会计资料的真实性，需要进行全面清查。

（2）单位撤销、倒闭、合并或改变隶属关系时，需要进行全面清查。

（3）单位主要负责人调离工作岗位时，需要进行全面清查。

局部清查是对部分财产负债进行的盘点或核对。局部清查的范围窄，工作量小，涉及的人员少。需要定期局部清查的业务包括：

（1）库存现金，由出纳员在每日业务终了时进行清点核对。

（2）银行存款，由出纳员每月与银行核对一次。

（3）存货，一般在年度内轮流盘点或重点抽查，对于贵重物资，每月清查盘点一次。

（4）债权债务，每年至少要核对一至两次。

1.1.2.2 按清查的时间分类

财产清查按清查的时间划分，可以分为定期清查和不定期清查。

（1）定期清查是指根据管理制度的规定或预先计划安排的时间进行的财产清查。定期清查一般是在月末、季末或年末结账前进行，以保证账实相符，会计报表真实可靠。定期清查可以是局部清查，也可以是全面清查。在通常情况下，年末进行全面清查，月末或季末进行局部清查。

（2）不定期清查是指预先无计划安排，而根据需要临时组织的财产清查。在下述情况下，需要进行不定期清查：①企业更换保管、出纳人员时，需要对其保管的财产物资进行清查，以明确经济责任；②发生自然灾害或意外损失时，需要对受损物品进行清查，以查明受损情况；③上级主管部门、财政、审计部门有关机构对本单位进行财务检查时，需要对相关财产、负债进行清查；④清产核资、破产清算时，需要临时组织财产清查工作，以全面掌握企业的资产、负债和权益情况。

1.1.2.3 按清查的执行单位的不同分类

财产清查按执行单位的不同可以分为外部清查和内部清查。

（1）内部清查是指由本企业的有关人员对本企业的财产进行的清查。这种清查也称为"自查"。

（2）外部清查是指由企业外部的有关部门或人员根据国家法律或制度的规定对企业进行的财产清查。

1.2 实践项目

1.2.1 专业判断力训练

 题目 7.1

某公司的副经理张某，将企业的一台设备借给其朋友使用，但未办理任何手续。清查人员在年底盘点时发现该设备盘亏，该设备的原值为 20 万元，已提折旧 5 万元。公司追查该设备时，借方声称：该设备已被偷走。张副经理建议该设备按正常报废处理。

1.2.2 项目要求

请你对张副经理的处理意见作出判断并说明理由。

1.2.3 参考答案

张副经理的处理意见是不能接受的。首先,张副经理出借设备未办理任何手续,不符合企业资产管理制度的要求;其次,该事件的发生应追究张副经理的责任,由其赔偿企业的损失,不能按正常的报废处理。

2 财产清查的方法

2.1 知识要素

2.1.1 实物财产的清查方法

实物财产的清查是指针对固定资产、存货等有形财产,在实物盘点基础上所进行的账存数与实存数的核对工作。实物财产的清查工作,还必须查明财产物资的使用与管理情况。

实物财产清查的方法有以下几种:

(1) 实地盘点法。这种方法主要是通过对财产物资的逐一清点、计件、过磅等方法来确定其实存数量。此方法适用范围较广,大多数财产物资都可以通过此方法确定盘存数。

(2) 技术推算盘点法。这种方法主要适用于一些体积较大、笨重、不易搬动和逐一点数过磅的财产物资。此方法主要通过计尺、量方等技术推算手段来确定财产物资的实存数量。

盘点时,除了清点财产物资的实有数外,还要检查其质量,采用物理或化学的方法来重新确定等级,同时要查明财产物资在保管上存在的问题。

为了明确经济责任,在进行盘点清查时,保管人员必须在场。对于盘点结果,应如实登记在盘存单上,并由盘点人员和保管人员签字盖章。盘存单是记录盘点结果的书面证明,也是反映财产物资实存数的原始凭证。其一般格式如表7-1所示。

▼ 表7-1 ▼

盘 存 报 告 单

年　　月　　日　　　　　　　　　　　　　　　编号:

盘点时间:　　　　　　　财产类别:　　　　　　　　　存放地点:

编号	名称	规格	计算单位	数量	单价	金额	备注

盘存单一般填制一式三份:一份由清点人员留存备查;一份交实物保管人员保存;一份交财会部门与账面记录相核对。

为了查明实存数与账存数是否一致,确定盘亏或盘盈情况,还要根据盘存报告单和有关账簿的记录,编制盘点溢余(短缺)报告单,反映盘盈与盘亏的结果。该表既是用以调整账簿记录的重要原始凭证,又是分析产生差异的原因、明确经济责任的依据。存货盘点溢余(短缺)报告表的一般格式如表7-2所示。

▼表7-2▼

存货盘点溢余(短缺)报告表

财产类别:　　　　　　　　　　　年　月　日　　　　　　　　　编号:

编号	名称及规格	计量单位	单价	实存		账存		对比结果		备注
				数量	金额	数量	金额	盘盈	盘亏	

在实际工作中,为了简化编表工作,此表通常只列账实不符的财产物资,对于账实相符的财产物资可不列入。

对于委托外部加工、保管的财产物资,也在清查之列,可采用询证的方法与对方单位联系核实,如有不符,同样要查明原因,按规定进行处理并及时调整账面,以达到账实相符。

2.1.2　库存现金的清查方法

库存现金的清查,主要采用实地盘点法,即通过清点票数来确定现金的实存数,然后以实存数与库存现金日记账的账面余额进行核对,以查明账面金额与实存金额是否相符,有无长款或短款情况。

库存现金盘点时出纳人员必须在场,进行清查时注意有无以"白条"抵充库存现金或非法挪用现金的情况,盘点结果填入"库存现金盘点报告表",并由清查人员和出纳人员签章。

"库存现金盘点报告表"兼有"盘存报告单"和"盘点溢余(短缺)报告表"的作用,是反映库存现金实有数和调整账簿记录的重要依据,其一般格式如表7-3所示。

▼表7-3▼

库存现金盘点报告表

单位名称:　　　　　　　　　　　年　月　日　　　　　　　　　单位:元

实存金额	账存金额	对比结果		备注
		盘盈	盘亏	

盘点人:　　　　　　　　　　　　　出纳:

2.1.3 银行存款的清查方法

银行存款的清查是采用与开户银行核对账目的方法进行的,即将本单位的"银行存款日记账"余额与开户银行转来的对账单逐笔进行核对,检查账账是否相符。

企业银行存款日记账上的余额常与银行对账单上的余额不一致,其原因主要有以下两种:

一是某一方记账有错误。企业发现记账错误,应及时更正,如为银行记账有误,应通知银行更改。

二是存在未达账项。所谓未达账项是指企业与银行对于同一项经济业务,由于取得凭证的时间不同,导致记账时间不一致而发生的一方已登记入账,另一方尚未入账的款项。

未达账项有以下四种:

(1)企业已收款入账,银行未收款入账的未达账项。例如,企业送存转账支票 60 000 元,并已登记入账,但银行尚未记账。

(2)企业已付款入账,银行未付款入账的未达账项。例如,企业开出转账支票 45 000 元,并已登记入账,但持票单位尚未到银行办理转账,银行尚未记账。

(3)银行已收款入账,企业未收款入账的未达账项。例如,企业委托银行收款 45 000 元,银行已收入企业银行存款账户,收款通知尚未送达企业。

(4)银行已付款入账,企业未付款入账的未达账项。例如,银行代企业支付水电费 3 000 元,银行已登记入账,但企业尚未收到银行付款通知,尚未记账。

上述任何一种未达账项的存在,都会使企业银行存款日记账余额与银行对账单余额不一致。存在"未达账项"时应编制"银行存款余额调节表",以确定企业银行存款的实存数。企业银行存款的实有数,可在企业银行存款日记账余额和银行对账单余额的基础上,分别加减未达账项予以调整,调整后的余额就是企业实际可以动用的款项。调整后的企业银行存款日记账余额和银行对账单余额应当相等,即:

$$\text{企业银行存款} \atop \text{日记账余额} + {\text{银行已收} \atop \text{企业未收款项}} - {\text{银行已付} \atop \text{企业未付款项}} = {\text{银行对账} \atop \text{单余额}} + {\text{企业已收} \atop \text{银行未收款项}} - {\text{企业已付} \atop \text{银行未付款项}}$$

"银行存款余额调节表"的格式如表 7-4 所示。

▼表 7-4▼

银行存款余额调节表

公司:　　　　　　　　　年　月　日　　　　　　　　　单位:元

项　目	金额	项　目	金额
企业银行存款日记账的余额 加:银行已收,企业未收款项 减:银行已付,企业未付款项		银行对账单余额 加:企业已收,银行未收款项 减:企业已付,银行未付款项	
调整后余额		调整后余额	

需说明的是,该调节表只起到试算企业与银行之间账目是否相符和确认企业银行存款实有金额的作用,而不能作为调整账面余额的凭证,不能据此更正账面记录。至于产生的未达账项,待双方接到有关凭证后,才能据以登账。

2.1.4 债权债务的清查方法

财产清查时,企业的各项应收账款、应付款项和暂收、暂付款项,应与其债权人或债务人进行核对,以确认账实是否相符。

债权债务的清查,一般采用询证核对法。即企业应在登记完已发生的债权债务业务后,编制一式两联的对账单,送交对方进行核对。对方如核对无误,在对账单回单联上予以确认,盖章寄回并留下留存联。如经核对数额不符,对方应在回单联上注明情况后退回核对单位。

对清查过程中有争议或确实无法收回的款项,要及时处理,避免损失。

2.2 实践项目

2.2.1 财产清查表的填写

新华公司 2016 年 12 月 31 日进行财产清查,部分资料如下所示。

[资料1]库存现金的清查,结果是实存金额为 3 800 元,账存金额为 3 700 元。

[资料2]清查原材料,甲材料的实存数为 2 010 千克,单价 25 元。

[资料3]甲材料的账存数量为 2 000 千克,金额 50 000 元。

2.2.2 项目要求

根据[资料1]清查结果填写库存现金盘点报告表。库存现金盘点报告表的格式,如表7-5 所示。

▼ 表7-5 ▼

库存现金盘点报告表

单位名称:　　　　　　　　　年　月　日　　　　　　　　　单位:元

实存金额	账存金额	对比结果		备注
		盘盈	盘亏	

盘点人(签章):　　　　　　　　　　　　　　　　出纳人员(签章):

根据[资料2]填写盘存单。盘存单的格式如表7-6 所示。

▼ 表7-6 ▼

盘　存　单

单位名称:＿＿＿＿＿＿　　存放地点:＿＿＿＿＿＿　　编号:＿＿＿＿＿＿

财产类别:＿＿＿＿＿＿　　盘点时间:＿＿＿年　月　日

序号	名称	规格	计量单位	盘点数量	单价	金额	备注

盘点人(签章):　　　　　　　　　　　　　　　　保管人(签章):

根据盘存单中甲材料的资料和账存情况填写实存账存对比表。实存账存对比表的格式,如表 7-7 所示。

▼表 7-7 ▼

实存账存对比表

单位名称：　　　　　　　　　　　年　　月　　日

序号	名称	规格	计量单位	实存		账存		对比结果				备注
				数量	金额	数量	金额	盘盈		盘亏		
								数量	金额	数量	金额	
合　计												

盘点人员(签章)：　　　　　　　　　　　　　　　　　　　　　　会计人员(签章)：

2.2.3 填制结果

(1) 库存现金盘点报告表的填写结果如表 7-8 所示。

▼表 7-8 ▼

库存现金盘点报告表

单位名称:新华公司　　　　　　2016 年 12 月 31 日　　　　　　　　单位:元

实存金额	账存金额	对比结果		备注
		盘盈	盘亏	
3 800	3 700	100		

盘点人(签章):张明　　　　　　　　　　　　　　　　　出纳人员(签章):李萍

(2) 盘存单的填写结果,如表 7-9 所示。

▼表 7-9 ▼

盘 存 单

单位名称:新华公司　　　　　　存放地点:库房　　　　　　编号:　　　　

财产类别:原材料　　　　　　盘点时间:2016 年 12 月 31 日

序号	名称	规格	计量单位	盘点数量	单价	金额	备注
1	甲材料		千克	2 010	25	50 250	

盘点人(签章):张明　　　　　　　　　　　　　　　　　保管人(签章):李明

(3) 实存账面对比表的填写结果,如表 7-10 所示。

▼ 表 7-10 ▼

实存账存对比表

2016 年 12 月 31 日

单位名称:新华公司　　　　　　　　　　　　　　　　　　　　金额单位:元

序号	名称	规格	计量单位	实存		账存		对比结果				备注
								盘盈		盘亏		
				数量	金额	数量	金额	数量	金额	数量	金额	
1	甲材料		千克	2 010	50 250	2 000	50 000	10	250			
	合　计								250			

盘点人员(签章):张明　　　　　　　　　　　　　　　会计人员(签章):张华

3　财产清查结果的处理

3.1　知识要素

3.1.1　财产清查结果处理的步骤

财产清查中发现主要的问题,应核实情况,查明原因,按照有关法律、法规进行处理。对于财产清查中发现的盘盈或盘亏,还要按规定进行账务处理,做到账实相符。

财产清查结果的账务处理,分为审批前和审批后两个阶段。

报经批准前,先将清查核实后的盘盈、盘亏情况,形成书面材料,上报有关部门办理报批手续。同时,根据"盘存报告单"或"存货盘点溢余(短缺)报告表"等清查资料,填制记账凭证,登记有关账簿,调整账簿记录,做到账实相符。

经有关部门审批后,根据有关部门的处理意见和相关会计规定进行盘盈溢余或盘亏损失的账务处理。

3.1.2　财产清查结果的账务处理

为了反映和监督企业在财产清查中查明的各种财产的盘盈、盈亏、毁损及处理情况,应设置"待处理财产损溢"账户(固定资产的盘盈除外)。该账户的借方登记待处理财产的盘亏及毁损数,以及经批准处理的财产盘盈数;贷方登记发生的待处理财产的盘盈数和转销已批准处理的财产盘亏和毁损数。期末余额如在借方表示尚待批准处理的财产物资的净损失;期末余额如在贷方则表示尚待批准处理的财产物资的净溢余。如期末前各项盘盈盘亏已全部处理,该账户应无余额。该账户应设置"待处理流动资产损溢"和"待处理固定资产损溢"两个明细账户。

3.1.2.1　库存现金清查结果的账务处理

(1) 库存现金盘盈的处理。发现库存现金盘盈后,应查明盈余的原因,及时办理库存现金入账手续,调整库存现金账簿记录。报经批准前按盘盈的金额,借记"库存现金"账户,贷记"待处理财产损溢——待处理流动资产损溢"账户;盘盈结果经过批准处理后,借记"待处理财产损溢——待处理流动资产损溢"账户,属于应支付给有关人员或单位的盘余现金,贷记"其他应付款"账户;属于无法查明原因的盘余现金,贷记"营业外收入"账户。

(2) 库存现金盘亏的处理。发生库存现金盘亏,报经批准前,按盘亏的金额,借记"待处理财产损溢——待处理流动资产损溢"账户,贷记"库存现金"账户;盘亏结果经批准后,属于责任人赔偿的部分,借记"其他应收款——责任人"账户,得不到赔偿的部分或无法查明原因的,借记"管理费用"账户,贷记"待处理财产损溢——待处理流动资产损溢"账户。

3.1.2.2 存货清查结果的账务处理

(1) 存货盘盈的处理。经查明是收发计量或核算上的误差原因造成的,报经批准前,要及时办理存货入账手续,调整存货账簿的实存数。借记有关存货账户,贷记"待处理财产损溢"账户;经有关部门批准后,再冲减管理费用,借记"待处理财产损溢"账户,贷记"管理费用"账户。

(2) 发生盘亏或毁损的存货,批准以前按具体金额借记"待处理财产损溢"账户,贷记有关存货账户;批准后再根据造成亏损的原因,分别情况进行账务处理,其进项税额应转入有关账户。属于正常损失,经批准后转作管理费用,借记"管理费用"账户,贷记"待处理财产损溢"账户。属于非正常损失,确定过失人负责或保险公司赔款的部分,借记"其他应收款"账户,不能得到赔偿的部分,借记"营业外支出"账户,贷记"待处理财产损溢"账户。

3.1.2.3 固定资产清查结果的账务处理

(1) 固定资产盘盈。按同类或类似固定资产市场价格,减去按该项资产新旧程度估计的价值损耗的余额,作为前期会计差错记入"以前年度损益调整"账户。

(2) 固定资产盘亏。对于盘亏的固定资产,企业应及时办理固定资产注销手续,按盘亏固定资产净值,借记"待处理财产损溢"账户,按已提折旧额借记"累计折旧"账户,按其原值,贷记"固定资产"账户。按规定程序批准后,应按盘亏固定资产的原值扣除累计折旧和过失人及保险公司赔偿后的差额,借记"营业外支出"账户,同时按过失人及保险公司应赔偿的金额,借记"其他应收款"账户,按盘亏固定资产的净值,贷记"待处理财产损溢"账户。

3.2 实践项目

3.2.1 财产清查结果账务处理实操

3.2.1.1 清查资料

[资料1]企业盘盈库存现金200元,原因不明,经批准作营业外收入处理。

[资料2]企业库存现金清查中发现短缺180元。经有关部门审查,由出纳员张三负责赔偿。

[资料3]企业原材料清查中发现甲材料盘盈10千克,单价25元。经查明,该材料的

盘盈为计量误差造成,经批准冲减管理费用。

[资料4]企业在存货清查中发现乙材料盘亏1 000千克,金额10 000元,经查明为非正常损失,该批材料的增值税进项税额1 700元。

3.2.1.2 项目要求

根据以上资料作财产清查结果的账务处理。

3.2.1.3 业务处理结果

根据[资料1]编制如下会计分录:

(1) 查明原因批准前。

借:库存现金		200
贷:待处理财产损溢——待处理流动资产损溢		200

(2) 查明原因批准后。

借:待处理财产损溢——待处理流动资产损溢		200
贷:营业外收入		200

根据[资料2]编制如下会计分录:

(1) 查明原因批准前。

借:待处理财产损溢——待处理流动资产损溢		180
贷:库存现金		180

(2) 查明原因批准后。

借:其他应收款——张三		180
贷:待处理财产损溢——待处理流动资产损溢		180

根据[资料3]编制如下会计分录:

(1) 查明原因批准前。

借:原材料——甲材料		250
贷:待处理财产损溢——待处理流动资产损溢		250

(2) 查明原因批准后。

借:待处理财产损溢——待处理流动资产损溢		250
贷:管理费用		250

根据[资料4]编制如下会计分录:

(1) 查明原因批准前。

借:待处理财产损溢——待处理流动资产损溢		11 700
贷:原材料——乙材料		10 000
应交税费——应交增值税(进项税额转出)		1 700

(2) 查明原因批准后。

借:营业外支出		11 700
贷:待处理财产损溢——待处理流动资产损溢		11 700

3.2.2 "银行存款余额调节表"的编制

3.2.2.1 相关资料

新华公司 2016 年 10 月 31 日银行存款日记账余额为 66 000 元,银行对账单余额为 60 000 元,经过逐笔核对,发现有下列未达账项:

(1)企业送存银行面额为 20 000 元的转账支票一张,为企业的销售收入,银行尚未入账。

(2)企业开出转账支票一张 2 000 元,用于购买办公用品,持票人未到银行办理转存业务。

(3)银行代企业收取前欠销售款 15 000 元,已入账,企业尚未收到银行收款通知而未入账。

(4)银行代企业支付本月水电费 3 000 元,银行已付款入账,企业尚未收到付款通知而未入账。

3.2.2.2 项目要求

根据上述有关资料编制"银行存款余额调节表"。

3.2.2.3 业务处理结果

银行存款余额调节表的编制结果如表 7-11 所示。

▼表 7-11 ▼

银行存款余额调节表

公司:新华公司　　　　　　　　2016 年 10 月 31 日　　　　　　　　单位:元

项　目	金额	项　目	金额
企业银行存款日记账的余额	66 000	银行对账单余额	60 000
加:银行已收,企业未收款项	15 000	加:企业已收,银行未收款项	20 000
减:银行已付,企业未付款项	3 000	减:企业已付,银行未付款项	2 000
调整后余额	78 000	调整后余额	78 000

【专题小结】

财产清查是指通过对各种实物资产、现金实地盘存和对银行存款、债权债务的核对或查询,来确定企业单位财产和负债的实际结存数与账面结存数是否相符的一种专门的方法。财产清查按清查的范围不同,可分为全面清查和局部清查;按清查的时间不同,可分为定期清查和不定期清查;按清查的执行单位不同,可分为内部清查和外部清查。财产清查包括实物的清点,货币资金的清查,各种债权、债务等往来款项的查询核对。

财产清查之后,应及时核实财产清查中所发现的财产物资的盘盈和盘亏及毁损等情况。清查后,账实相符时,不需进行账务处理;账实不符时,则需要进行账务处理,调整账存数,使账实相符。通常包括审批之前的账务处理和审批之后的账务处理。

【主要概念】

1. 财产清查 2. 全面清查 3. 局部清查 4. 定期清查 5. 不定期清查 6. 外部清查 7. 内部清查 8. 实地盘点法 9. 技术推算法

【思考题】

1. 什么是财产清查? 财产清查的意义是什么?
2. 财产清查的种类有哪些?

【练习题】

(一) 判断题

1. 全面清查可以定期进行,也可以不定期进行。 (　　)
2. 通过银行存款余额调节表可以检查账簿记录上存在的差错。 (　　)
3. 对于银行存款的未达账项应编制银行存款进行调节,同时按未达账项编写记账凭证登记入账。 (　　)
4. 存货的盘亏、毁损和报废,在报经批准后均应记入"管理费用"账户。 (　　)
5. 各种财产物资发生盘盈、盘亏和毁损,在报经批准以前都必须先记入"待处理财产损溢"账户。 (　　)
6. 局部清查一般适用于流动性较大的财产物资和货币资金的清查。 (　　)
7. 定期清查可以是局部清查也可以是全面清查。 (　　)
8. 更换财产物资保管员时,应进行不定期的全面清查。 (　　)
9. 造成企业银行存款日记账与银行对账单余额不符的原因肯定是双方或一方记账错误。 (　　)

(二) 经济业务题

1. 资料:某企业 2016 年 6 月 30 日银行存款日记账余额为 40 000 元,银行对账单上的余额为 43 000 元,经过逐笔核对发现以下未达账项:

(1) 6 月 30 日,企业存入的转账支票一张,面额 6 000 元,企业已入账,银行尚未入账。

(2) 6 月 30 日,企业开出转账支票一张,面额 4 000 元,持票人尚未到银行办理转账,银行尚未入账。

(3) 6 月 30 日,委托银行代收外地货款 5 500 元,银行已经收妥入账,但企业未收到收账通知,企业尚未入账。

(4) 6 月 30 日,银行受电力公司委托代收电费,从企业账户中划出 1 500 元,企业因尚未收到转账付款通知,尚未入账。

(5) 6 月 30 日,银行计算企业的存款利息 1 000 元,已经记入企业存款账户,企业尚未入账。

要求:编制"银行存款余额调节表",如表7-12所示。

▼表7-12▼

银行存款余额调节表

2016 年 6 月 30 日   单位:元

项　目	金额	项　目	金额
企业银行存款日记账余额 加:银行已收,企业未收款项 减:银行已付,企业未付款项		银行对账单余额 加:企业已收,银行未收款项 减:企业已付,银行未付款项	
调节后的存款余额		调节后的存款余额	

2. 某企业年终进行财产清查,在清查中发现以下事项:

(1) 甲材料盘盈 200 千克,单价 20 元。经查明为日常收发计量差错所致。

(2) 乙材料盘亏 500 千克,单价 4 元。经查明其中 100 千克为定额损耗,50 千克为日常收发计量差错,200 千克为自然灾害造成的损失,其余应由保险公司赔偿。

(3) 库存现金长款 1 000 元,经查明其中 300 元系少付职工王某款项,另外 700 元无法查明原因。

要求:编制上述关于财产清查的会计分录。

专题八

财 务 报 告

学习目标

1. 了解财务报告的概念、作用、内容和种类。
2. 掌握资产负债表的编制方法。
3. 掌握利润表的编制方法。

1 财务报告的作用与种类

1.1 知识要素

1.1.1 财务报告的概念

财务报告是指企业对外提供的反映企业某一特定日期财务状况和某一会计期间经营成果、现金流量等会计信息的文件。编制和对外提供财务报告是会计核算工作的最终环节,是会计核算工作的重要内容。

1.1.2 财务报告的作用

企业编制财务报告的目标,是向会计信息使用者提供与企业财务状况、经营成果和现金流量等有关的会计信息,反映企业管理层受托责任的履行情况,评价经营业绩,改善经营管理,有助于财务报告使用者作出经济决策。企业会计信息使用者通常包括投资者、债权人、政府及其有关部门、企业管理者和社会公众等,编制和报送会计报表应当满足不同的会计信息使用者对会计信息需求。企业财务报告的作用表现在以下几个方面:

(1) 为企业的投资者和潜在的投资者提供反映财务状况、经营成果以及管理层受托责任的履行情况等信息资料,有助于其评价投资风险和投资报酬,从而进行投资决策。

(2) 为企业的债权人提供反映企业资金运转情况、偿债能力和支付能力的信息资料,有助于债权人了解收回本金和利息的安全程度,从而作出信贷和赊销的决策。

(3) 为政府及其有关部门提供对企业实施检查监督,以及宏观管理的信息资料,有助于检查监督企业对税收政策和财经纪律执行情况、掌握国家资源的分配和运用情况,以及进行国民经济运行情况统计等。

(4) 为企业经营管理者提供全面反映企业经济活动过程和结果的信息资料,有助于企业经营管理者分析预算和计划的完成情况;考核、评价内部责任部门的工作业绩;总结经验,加强经营管理;并预测经济前景,进行经营决策。同时,有助于企业职工参与管理,了解劳动报酬和福利待遇方面的信息,调动职工积极性。

1.1.3 财务报告的内容

财务报告包括财务报表和其他应当在财务报告中披露的相关信息和资料。

财务报表是对企业财务状况、经营成果、现金流量的结构性表述,由会计报表和附注两部分构成。财务报表是财务报告的核心内容,编制财务报表是会计核算的专门方法之一。

会计报表是根据会计账簿记录和有关资料,按照规定的报表格式总括反映一定会计主体财务状况、经营成果和现金流量的书面文件。企业对外提供的主要会计报表包括资产负债表、利润表、现金流量表、所有者权益变动表。资产负债表是反映企业在某一特定日期财务状况的财务报表。它反映企业在某一特定日期所拥有或控制的经济资源、所承担的现时义务和所有者对净资产的要求权。利润表是反映企业在一定会计期间经营成果的财务报表。现金流量表是反映企业在一定会计期间现金和现金等价物流入和流出的报表。所有者权益变动表应当反映构成所有者权益各组成部分当期的增减变动情况。

1.1.4　会计报表的种类

为了便于编制和运用会计报表,有必要对会计报表进行适当的分类。按照不同的标准,会计报表可以分为以下几种。

1.1.4.1　按反映的经济内容分类

按照反映的经济内容划分,可分为反映财务状况的会计报表和反映企业经营成果的会计报表。反映企业财务状况的会计报表一般是指资产负债表和现金流量表;反映企业经营成果的会计报表一般是指利润表。

1.1.4.2　按编制的期间分类

按照编制的期间划分,可以分为中期会计报表和年度会计报表。中期会计报表包括月报、季报和半年报。月报是在每1个月份终了时编制,用以反映企业当月的财务状况和经营成果,季报是在每1个季度终了时编制,用以反映企业当季的财务状况和经营成果,半年报是在每个会计年度的前6个月份结束后编制,用以反映企业半年内的财务状况和经营成果;年度会计报表又称决算报表,是在每个年度终了时编制,用以反映企业当年的财务状况及经营成果。

1.1.4.3　按编制会计主体分类

按照编制的会计主体划分,可以分为个别会计报表和合并会计报表。个别会计报表是某一会计编制的反映单个经济实体的财务状况、经营成果和现金流量情况的会计报表;合并会计报表是以母公司和子公司组成的企业集团为一会计主体,以母公司和子公司单独编制的个别会计报表为基础,由母公司编制的综合反映企业集团财务状况、经营成果及现金流量情况的会计报表。

1.1.4.4　按服务的对象分类

按照服务的对象,可分为外部会计报表和内部会计报表。外部会计报表是企业根据会计制度的规定定期向政府有关部门、投资者、债权人等报送的会计报表;内部会计报表是为了满足企业内部经营管理的需要,自行设计并填制的,向企业内部各职能部门提供的会计报表。

1.2　实践项目

1.2.1　会计职业判断力训练

[看法8.1]资产负债表是反映企业在一定时期内的资产、负债和所有者权益情况的报表。

[看法8.2]企业的财务会计报告分为年度、半年度、季度和月度财务会计报告。

[看法8.3]利润表是反映企业月末、季末或年末取得的利润或发生的亏损情况的报表。

1.2.2 项目要求

请你对上述有关财务报告的作用和种类看法作出判断,并说明理由。

1.2.3 业务分析及处理结果

[看法 8.1]错。资产负债表属于静态报表,是反映企业在某一特定日期财务状况的报表,不具有时期性。

[看法 8.2]对。企业的财务报告分为年度、半年度、季度和月度财务报告。月度、季度财务报告是指月度和季度终了时需要提供的财务报告;半年度财务报告是指在每个会计年度的前 6 个月结束时需要提供的财务报告;年度财务报告是指年度终了时需要提供的财务报告。

[看法 8.3]错。利润表是反映企业一定会计期间(如月度、季度、半年度或年度)生产经营成果的会计报表。因此,利润表是反映企业月度、季度或年度取得的利润或发生的亏损情况的报表,而非反映企业月末、季末或年末即某一时间利润或发生的亏损情况的报表。

2 资产负债表的编制方法

2.1 知识要素

企业应以日常会计核算记录的数据为基础进行归类、整理和汇总,加工成报表项目,形成资产负债表。根据我国的《企业会计准则》规定,企业需要提供比较资产负债表,以便会计信息使用者通过比较不同时点的资产负债表的数据,掌握企业财务状况的变动情况和发展趋势。所以,资产负债表还就各项目再分为"年初余额"和"期末余额"两栏分别填列。

2.1.1 "年初余额"栏的填列方法

资产负债表中的"年初余额"栏通常根据上年年末有关项目的期末余额填列,且与上年年末资产负债表"期末余额"栏相一致。如果上年资产负债表规定的各个项目的名称和内容与本年度不一致,则应对上年年末资产负债表各项目的名称和数字按照本年度的规定进行调整,按调整后的数字填列在表中的"年初余额"栏内。

2.1.2 "期末余额"栏的填列方法

资产负债表"期末余额"栏内各项目数字,应根据资产、负债和所有者权益类账户的期末余额填列,具体填列方法归纳如下。

2.1.2.1 根据总账账户余额填列

a. 根据总账账户的余额直接填列

资产负债表中的大多数项目,可以根据有关的总账账户的期末余额直接进行填列。例如,"交易性金融资产"、"短期借款"、"应付票据"、"应付职工薪酬"、"应交税费"、"实收资本(或股本)"、"资本公积"、"盈余公积"、"其他综合收益"等项目,应根据有关总账账户的余额填列。

b. 根据几个总账账户的期末余额计算填列

资产负债表中的有些项目,需要根据几个有关的总账账户的期末余额之和填列,例如,"货币资金"项目,应当根据"库存现金"、"银行存款"、"其他货币资金"总账账户期末余额合计数填列。"存货"项目在未发生减值的情况下,应根据"原材料"、"在途物资"、"库存商品"、"生产成本"、"委托加工物资"、"发出商品"等账户的期末余额合计数填列。如果原材料、库存商品按计划成本进行日常核算,还应加上"材料成本差异"、"库存商品进销差价"账户的期末借方余额,或减去"材料成本差异"、"库存商品进销差价"账户的期末贷方余额。

2.1.2.2　根据明细账户的余额方向计算填列

资产负债表中的有些项目,需要根据有关明细账户的期末余额方向分析计算填列。例如,"应收账款"和"预收账款"、"应付账款"和"预付账款"这些具有债权、债务双重性质的账户,其明细账户的余额方向应分析计算填列,如实反映企业的债权、债务情况。

a. "应收账款"项目和"预收账款"项目

"应收账款"账户所属各明细账户的期末借方余额,为正常余额,反映企业的实际债权,应合计填列在"应收账款"项目内。如果"应收账款"账户所属明细账户有期末贷方余额的,为非正常余额,反映企业的实际债务,即预收账款,应合计填列在"预收账款"项目内。

相关联的,"预收账款"账户所属各明细账户的期末贷方余额,为正常余额,反映企业的实际债务,应合计填列在"预收账款"项目内。如果"预收账款"账户所属明细账户期末有借方余额的,为非正常余额,反映企业的实际债权,即应收账款,应合计填列在"应收账款"项目内。换言之:

"应付账款"项目 = 应付账款所属明细账户贷方余额 + 预收账款所属明细账户贷方余额

"预收款项"项目 = 应收账款所属明细账户贷方余额 + 预收账款所属明细账户贷方余额

b. "应付账款"项目和"预付账款"项目

"应付账款"账户所属各明细账户的期末贷方余额,为正常余额,反映企业的实际债务,应合计填列在"应付账款"项目内;如果"应付账款"账户所属明细账户有期末借方余额的,为非正常余额,反映企业的实际债权,即预付账款,应合计填列在"预付款项"项目内。

相关联的,"预付款项"账户所属各明细账户的期末借方余额,为正常余额,反映企业的实际债权,应合计填列在"预付款项"项目内。如果"预付账款"账户所属明细账户期末有贷方余额的,为非正常余额,反映企业的实际债务,即应付账款,应合计填列在"应付账款"项目内。换言之:

"应收账款"项目 = 应收账款所属明细账户借方余额 + 预收账款所属明细账户借方余额 -
　　　　　　　与应收账款有关的坏账准备贷方余额

"预付款项"项目 = 应付账款所属明细账户借方余额 + 预付账款所属明细账户借方余额

2.1.2.3　根据总账账户和明细账户的余额分析计算填列

资产负债表中的有些项目,需要根据有关的总账账户期末余额,再减去其所属某些明细账户期末余额,按调整后的金额填列。这是指一些长期资产和长期负债中会存在自资产负债表日一年内到期的部分,这部分金额按实际性质已属于"流动"项目,应单独填列在流动资产中的"一年内到期的非流动资产",或流动负债中的"一年内到期的非流动负债"项目中。

例如,非流动负债项目中的"长期借款"项目,应当根据"长期借款"总账账户期末余额,扣除其所属明细账户中反映的将于1年内到期的长期借款后的金额填列,扣除部分应单独填列到流动负债中"一年内到期的非流动负债"。需要这样调整填列的还有"应付债券"项目、"长期应付款"项目等长期负债项目。

例如,非流动资产项目中的"持有至到期投资"项目,应当根据"持有至到期投资"总账账户期末余额,扣除其所属明细账户中反映的将于一年内到期的持有至到期投资后的金额填列,扣除部分应单独填列到流动资产中的"一年内到期的非流动资产"项目中。

2.1.2.4 根据有关账户余额减去其备抵账户余额后的净额填列

资产负债表中的各资产项目,需要按扣减相关备抵账户的期末余额后的净额填列,以反映各项资产的实际价值。如资产负债表中的"固定资产"项目,应根据"固定资产"账户期末余额减去"累计折旧"、"固定资产减值准备"账户余额后的净额填列;"无形资产"项目,应根据"无形资产"账户期末余额减去"累计摊销"、"无形资产减值准备"账户余额后的净额填列;"持有至到期投资"、"长期股权投资"等项目,应根据"持有至到期投资"、"长期股权投资"等账户的期末余额减去"持有至到期投资减值准备"、"长期股权投资减值准备"等账户余额后的净额填列。

2.1.2.5 综合运用上述填列方法分析填列

被划分为持有待售的非流动资产应当归类为流动资产,被划分为持有待售的非流动负债应当归类为流动负债。

2.2 实践项目

2.2.1 资产负债表的编制方法

[业务 8.1]东南企业 2016 年年末有关账户余额资料如表 8-1 所示。

▼表 8-1▼

东南企业 2016 年 12 月 31 日有关账户余额表

单位:元

账户名称	借方余额	贷方余额	账户名称	借方余额	贷方余额
库存现金	70 000		短期借款		235 000
银行存款	250 000		应收票据		220 000
其他货币资金	205 000		应收账款		500 000
应收票据	35 000		预收账款		20 000
应收股利	35 000		应付职工薪酬		135 000
交易性金融资产	125 000		应付股利		120 000
应收账款	2 356 000		应交税费		45 000
坏账准备		6 000	其他应付款		35 000

账户名称	借方余额	贷方余额	账户名称	借方余额	贷方余额
预付账款	6 000		长期借款		500 000
其他应收款	20 000		实收资本		1 500 000
原材料	300 000		资本公积		89 000
库存商品	165 000		盈余公积		256 000
周转材料	50 000		利润分配		125 000
生产成本	185 000				
长期股权投资	390 000				
长期股权投资减值准备		20 000			
固定资产	2 000 000				
累计折旧		650 000			
在建工程	120 000				
无形资产	90 000				
合　计	4 456 000	676 000	合　计		3 780 000

说明：以上各账户中有 3 个账户，经查明在列表时按规定予以调整：在"应收账款"账户中有明细账贷方余额 10 000 元；在"应付账款"账户中有明细账借方余额 20 000 元；在"预付账款"账户中有明细账借方余额 20 000 元；在"预付账款"账户中有明细账户贷方余额 5 000 元。

2.2.2　项目要求

请你根据上述账户资料编制该企业的资产负债表（只列示期末数）。

2.2.3　业务分析及处理结果

[业务 8.1]现将上列资料经归纳分析后填入资产负债表如下。

(1) 将"库存现金"、"银行存款"、"其他货币资金"账户余额合并列入"货币资金"项目，共计 525 000 元(70 000＋250 000＋205 000)。

(2) 将"坏账准备"项目 6 000 元从"应收账款"项目中减去；将应收账款明细账中的贷方余额 10 000 元列入"预收账款"项目。计算结果，"应收账款"项目的余额为 360 000 元(356 000－6 000＋10 000)；"坏账准备"项目为零；"预收账款"项目为 30 000 元(20 000＋10 000)。

(3) 将应付账款明细账中的借方余额 20 000 元列入"预付账款"项目；将预付账款明细账中的贷方余额 5 000 元列入"应付账款"项目。计算结果，"预付账款"项目的余额为 85 000 元(60 000＋20 000＋5 000)，"应付账款"项目的余额为 525 000 元(500 000＋20 000＋5 000)。

(4) 将"原材料"、"库存商品"、"生产成本"及其他存货账户余额合并为"存货"项目，共计 700 000 元(350 000＋165 000＋185 000)。

(5) 其余各项目按账户余额表数字直接填入报表。

根据以上分析，编制东南企业资产负债表如表 8-2 所示。

▼表8-2▼

资 产 负 债 表

编制单位:东南企业   2016 年 12 月 31 日   单位:元

资　　产	期末余额	年初余额	负债和所有者权益(或股东权益)	期末余额	年初余额
流动资产:			流动负债:		
货币资金	525 000		短期借款	235 000	
交易性金融资产	125 000		交易性金融负债		
应收票据	35 000		应付票据	220 000	
应收账款	360 000		应付账款	525 000	
预付款项	85 000		预收款项	30 000	
应收利息			应付职工薪酬	135 000	
应收股利	35 000		应交税费	45 000	
其他应收款	20 000		应付利息		
存货	700 000		应付股利	120 000	
一年内到期的非流动资产			其他应付款	35 000	
其他流动资产			一年内到期的非流动负债		
流动资产合计	1 885 000		其他流动负债		
非流动资产:			流动负债合计	1 345 000	
可供出售金融资产			非流动负债:		
持有至到期投资			长期借款	500 000	
长期应收款			应付债券		
长期股权投资	370 000		长期应付款		
投资性房地产			专项应付款		
固定资产	1 350 000		预计负债		
在建工程	120 000		递延所得税负债		
工程物资			其他非流动负债		
固定资产清理			非流动负债合计	500 000	
生产性生物资产			负债合计	1 845 000	
油气资产			所有者权益(或股东权益):		
无形资产	90 000		实收资本(或股本)	1 500 000	
开发支出			资本公积	89 000	
商誉			减:库存股		
长期待摊费用			盈余公积	256 000	
递延所得税资产			未分配利润	125 000	
其他非流动资产			所有者权益(或股东权益)合计	1 970 000	
非流动资产合计	1 930 000				
资产合计	3 815 000		负债和所有者权益(或股东权益)总计	3 815 000	

3 利润表的编制方法

3.1 知识要素

根据我国有关《企业会计准则》的规定,企业需要提供比较利润表,以使会计信息使用者通过比较不同时期利润的实现情况,判断企业经营成果的未来发展趋势。所以,利润表还就各项目再分为"本期金额"和"上期金额"两栏分别填列。

3.1.1 "本期金额"栏内各项数字填列

利润表的"本期金额"栏内,各发生额项目的数字,一般应根据各有关损益类账户的本期发生额分析填列,进而在利润表上完成各层次利润的计算,各项目具体填列方法归纳如下。

3.1.1.1 根据有关账户的本期发生额直接填列

利润表中的大多数项目,可以根据有关的收入类和费用类账户的期末结转前的本期发生额合计数直接填列,主要包括"税金及附加"、"销售费用"、"管理费用"、"财务费用"、"资产减值损失"、"公允价值变动损益"、"投资收益"、"营业外收入"、"营业外支出"、"所得税费用"项目。

3.1.1.2 根据有关账户的本期发生额汇总填列

利润表中的有些项目,需要根据有关的收入类和费用类账户的本期发生额汇总填列,主要包括"营业收入"和"营业成本"项目。"营业收入"项目,应根据"主营业务收入"账户和"其他业务收入"账户的期末结转前的本期发生额合计数汇总填列;"营业成本"项目,应根据"主营业务成本"账户和"其他业务成本"账户的期末结转前的本期发生额合计数汇总填列。

3.1.1.3 根据报表有关项目之间的关系进行表上运算填列

利润表上的"营业利润"、"利润总额"、"净利润"项目,应根据多步骤计算利润的顺序要求,以及表内其他项目已填列的金额,计算填列。另外,"其他综合收益"、"综合收益总额"、"基本每股收益"和"稀释每股收益"项目,应根据按《企业会计准则》规定的计算金额填列。

以上各项目的计算过程汇总如表8-3所示。

▼表8-3▼

利润表项目的计算过程汇总

项　　目	计　算　过　程
营业收入	营业收入＝主营业务收入＋其他业务收入
营业利润	营业利润＝营业收入－营业成本－税金及附加－销售费用－管理费用－财务费用－资产减值损失±公允价值变动收益(损失)±投资收益(损失)

（续表）

项 目	计 算 过 程
利润总额	利润总额＝营业利润＋营业外收入－营业外支出
净 利 润	净利润＝利润总额－所得税费用
其他综合收益	反映企业根据《企业会计准则》规定未在损益中确认的各项利得和损失扣除所得税影响后的净额
综合收益总额	反映企业净利润与其他综合收益的合计金额

3.1.2 "上期金额"栏内各项数字填列

利润表"上期金额"栏内各项目数字,应根据上年度利润表"本期金额"栏内所列数字填列。如果上年度利润表规定的各个项目的名称和内容同本年度不相一致,应对上年度利润表各项目的名称和数字按照本年度的规定进行调整,填入利润表"上期金额"栏内。

3.2 实践项目

3.2.1 利润表的编制方法

[业务 8.2]东南企业 2016 年度利润表有关账户的累计发生额如表 8-4 所示。

▼表 8-4 ▼

利润表有关账户累计发生额

单位:元

账户名称	借方发生额	贷方发生额	账户名称	借方发生额	贷方发生额
主营业务收入		12 500 000	其他业务成本	180 000	
其他业务收入		230 000	销售费用	200 000	
投资收益		3 200 000	管理费用	1 050 000	
补贴收入		0	财务费用	1 000 000	
营业外收入		2 850 000	营业外支出	2 000 000	
主营业务成本	8 320 000		所得税费用	1 800 000	
税金及附加	550 000				

3.2.2 项目要求

请你根据上述账户资料编制该公司的利润表。

3.2.3 业务分析及处理结果

[业务 8.2]根据上列资料,计算各项目内容如下:

(1) 营业收入＝主营业务收入＋其他业务收入＝12 500 000＋230 000＝12 730 000
(元)。

(2) 营业成本＝主营业务成本＋其他业务成本＝8 320 000＋180 000＝8 500 000
(元)。

(3) 营业利润＝营业收入－营业成本－税金及附加－销售费用－管理费用－财务费

用＋投资收益＝12 730 000－8 500 000－550 000－200 000－1 050 000－1 000 000＋3 200 000＝4 630 000(元)。

(4) 利润总额＝营业利润＋营业外收入－营业外支出＝4 630 000＋2 850 000－2 000 000＝5 480 000(元)。

(5) 净利润＝利润总额－所得税费用＝5 480 000－1 800 000＝3 680 000(元)。

根据以上分析,编制利润表如表8-5所示。

▼表8-5▼

利 润 表

编制单位:东南公司　　　　　　　　2016年度　　　　　　　　单位:元

项　目	本期金额	上期金额
一、营业收入	12 730 000	12 250 000
减:营业成本	8 500 000	8 200 000
税金及附加	550 000	500 000
销售费用	200 000	180 000
管理费用	1 050 000	980 000
财务费用	1 000 000	940 000
资产减值损失		
加:公允价值变动收益(损失以"－"填列)		
投资收益(损失以"－"填列)	3 200 000	2 000 000
二、营业利润(损失以"－"填列)	4 630 000	3 450 000
加:营业外收入	2 850 000	800 000
减:营业外支出	2 000 000	700 000
三、利润总额(损失以"－"填列)	5 480 000	3 550 000
减:所得税费用	1 800 000	1 170 000
四、净利润(损失以"－"填列)	3 680 000	2 380 000
五、其他综合收益的税后净额	(略)	
六、综合收益总额	(略)	
七、每股收益	(略)	
(一)基本每股收益		
(二)稀释每股收益		

【专题小结】

本专题着重介绍财务报表的作用、种类和编制原理。

财务报告是企业对外提供的反映企业某一特定日期的财务状况和某一会计期间的经营成果、现金流量等会计信息的书面文件,包括财务会计报表、会计报表附注和其他应当在财务会计报告中披露的相关信息和资料。财务会计报表是财务会计报告的主体,按照不同的标准会计报表可以分为不同的类型。

资产负债表是反映企业某一特定日期财务状况的会计报表。资产负债表是静态报表。资产负债表是依据"资产=负债+所有者权益"这一会计基本等式而编制的,主要反映企业所拥有的各种经济资源、企业所负担的债务和企业所有者在企业所持有的权益。资产负债报的格式有报告式和账户式两种,我国采用账户式结构来编制资产负债表。

利润表是反映企业在一定期间内生产经营成果的会计报表。利润表是动态报表。利润表是依据"收入-费用=利润"这一会计等式而编制的,主要提供有关企业经营成果方面的信息,包括构成营业利润的各项要素、构成利润总额的各项要素、构成净利润的各项要素。利润表的格式有单步式和多步式两种,我国采用多步式结构来编制利润表。

【主要概念】

1. 财务报告 2. 会计报表 3. 资产负债表 4. 利润表

【思考题】

1. 什么是财务报告?
2. 什么是会计报表? 会计报表有哪些种类?

【练习题】

(一) 判断题

1. 资产负债表的"期末余额"栏各项目主要是根据总账或有关明细账期末贷方余额直接填列的。 (   )

2. 资产负债表中"货币资金"项目反映企业库存现金、银行结算户存款、外埠存款、银行汇票存款和银行本票存款等货币资金的合计数。因此,本项目应根据"库存现金"、"银行存款"账户的期末余额合计数填列。 (   )

3. 资产负债表中"应收账款"项目,应根据"应收账款"账户所属各明细账户的期末借方余额合计填列。如果"预付账款"账户所属有关明细账户有借方余额的,也应包括在本项目内。如果"应收账款"账户所属明细账户有贷方余额,应包括在"预付账款"项目内填列。 (   )

4. 利润表中"营业成本"项目,是反映企业销售产品和提供劳务等主要经营业务的各项销售费用和实际成本。 (   )

5. 资产负债表上,"无形资产"项目一般应当分别列示原始成本、累计摊销额和账面净值。 (   )

6. 资产负债表的"存货"项目应当根据若干个总账账户余额计算填列。 (   )

(二) 编制会计报表

1. N公司2016年7月31日总账及其有关所属的明细账余额如表8-6所示。

▼ 表8-6 ▼

N公司2016年7月31日账户余额　　　　　　单位:元

总分类账户	余额		细分类账户	余额	
	借方	贷方		借方	贷方
库存现金	7 000				
银行存款	160 000				
应收账款	106 000		甲公司	86 000	
			乙公司	20 000	
材料采购	20 000				
原 材 料	60 000				
库存商品	40 000				
生产成本	30 000				
固定资产	440 000				
累计折旧		40 000			
短期借款		80 000			
应付账款		85 000	A公司		60 000
			B公司		25 000
应交税费		17 000	应交增值税		17 000
实收资本		600 000			
盈余公积		6 000			
本年利润		30 000			
利润分配		5 000			
合 计	863 000	863 000			

要求:根据上述资料编制资产负债表,如表8-7所示。

▼ 表8-7 ▼

资 产 负 债 表

编制单位:　　　　　　年　月　日　　　　　　单位:元

资 产	期末余额	年初余额	负债及所有者权益	期末余额	年初余额
流动资产:		略	流动负债:		(略)
货币资金			短期借款		
应收票据			应付票据		
应收账款			应付账款		
应收股利			应付职工薪酬		
其他应收款			应交税费		
存货			应付股利		
流动资产小计			其他应付款		
非流动资产:			流动负债合计		

(续表)

资 产	期末余额	年初余额	负债及所有者权益	期末余额	年初余额
长期股权投资			非流动负债:		
固定资产			长期借款		
固定资产清理			应付债券		
无形资产			非流动负债合计		
长期待摊费用			负债合计		
非流动资产小计			所有者权益:		
			实收资本		
			资本公积		
			盈余公积		
			未分配利润		
			所有者权益合计		
资产总计			负债及所有者权益总计		

2. 资料:S 公司 2016 年 3 月损益类账户发生额资料如表 8-8 所示(所得税税率 25%)。

▼表 8-8 ▼

公司损益类账户发生额资料

2016 年 3 月   单位:元

账户名称	本期发生额		账户名称	本期发生额	
	借方	贷方		借方	贷方
主营业务收入		1 200 000	投资收益		15 000
主营业务成本	700 000		其他业务收入		30 000
税金及附加	25 000		其他业务成本	15 000	
销售费用	20 000		营业外收入		35 000
管理费用	95 000		营业外支出	18 000	
财务费用	10 000				

要求:根据上述资料编制利润表,如表 8-9 所示。

▼表 8-9 ▼

利 润 表

编制单位: 年 月   单位:元

项 目	本期金额	上期金额
一、营业收入		
减:营业成本		
税金及附加		
销售费用		
管理费用		

（续表）

项　　目	本期金额	上期金额
财务费用		
加：投资收益（损失以"－"号填列）		
二、营业利润（亏损以"－"号填列）		
加：营业外收入		
减：营业外支出		
三、利润总额（亏损总额以"－"号填列）		
减：所得税费用		
四、净利润（净亏损总额以"－"号填列）		

专题九

手工会计模拟

1 资 料

1.1 11 月份账户余额

东方有限责任公司 2016 年 11 月 30 日总分类账和有关明细分类账的余额如表 9-1 所示。

▼表 9-1 ▼

总分类账及有关明细账账户余额表

单位:东方有限责任公司　　　　2016 年 11 月 30 日　　　　单位:元

会计科目	总分类账户		明细分类账户	
	借方余额	贷方余额	借方余额	贷方余额
库存现金	2 000			
银行存款——工商银行	1 885 000			
应收账款	75 000			
——甲公司			45 000	
——乙公司			30 000	
原材料	80 000			
——A 材料			50 000(数量 2 500 千克、单价 20 元)	
——B 材料			30 000(数量 1 200 千克、单价 25 元)	
生产成本	34 000			
——X 产品			14 000	
——Y 产品			20 000	
库存商品	72 000			
——X 产品			30 000(数量 100 件、单价 300 元)	
——Y 产品			42 000(数量 140 件、单价 300 元)	
固定资产	3 805 000		生产车间设备 3 305 000 元,行政管理部门设备 500 000 元	
累计折旧		250 000	生产车间设备折旧 230 000 元、行政管理部门折旧 20 000 元	
短期借款——3 个月借款(工行)		30 000		
长期借款——5 年借款(工行)		800 000		
实收资本		4 200 000		
本年利润		660 000		
利润分配		13 000		
合　计	5 953 000	5 953 000		

1.2 12月份账户发生额

东方有限责任公司2016年12月份发生下列会计事项:

(1) 12月1日,签发现金支票从工商银行提取现金6 000元备用。

(2) 12月2日,公司行政人员王红到北京出差,向财务部预借差旅费5 000元,以现金付讫。

(3) 12月5日,向宝庆公司购进生产用的A材料10 000千克,单价20元;B材料6 000千克,单价25元,增值税率17%。材料已验收入库,货款已用银行存款支付。

(4) 12月8日,行政人员王红出差回来报销差旅费4 500元,余款退回现金。

(5) 12月10日,企业领用材料,根据材料汇总表分配结转材料费用,发出材料汇总表如表9-2所示。

▼表9-2▼

发出材料汇总表

2016年12月13日   金额单位:元

应借科目		应贷科目:原材料				金额合计
		A材料		B材料		
		数量(千克)	金额	数量(千克)	金额	
生产成本	X产品	6 000	120 000	2 000	50 000	170 000
	Y产品	4 000	80 000	1000	25 000	105 000
	小计	10 000	200 000	3 000	75 000	275 000
制造费用		300	6 000	500	12 500	18 500
管理费用		700	14 000	200	5 000	19 000
合 计		11 000	220 000	3 700	92 500	500

(6) 12月15日,企业收回甲公司前欠货款45 000元,存入开户银行。

(7) 12月16日,收到长河公司违反合同的罚金3 000元,款项已存入银行。

(8) 12月18日,用现金支付管理部门办公设备维修费500元。

(9) 12月19日,企业购入不需要安装的机器,入账价值为50 000元,货款用银行存款支付。

(10) 12月20日,以银行存款偿还工商银行3个月的短期借款30 000元。

(11) 12月28日,计算分配公司本月职工工资,其中X产品生产工人工资30 000元,Y产品生产工人工资20 000元,车间管理人员工资6 000元,厂部管理人员工资10 000元,专设销售机构人员工资4 000元。

(12) 12月29日,从银行提取现金70 000元,发放职工工资。

(13) 12月30日,以银行存款支付本月水电费16 000元。其中,行政管理部门1 000

元,生产车间 13 000 元,销售部门 2 000 元。

(14) 12 月 31 日,计提本月固定资产折旧费 10 000 元。其中,生产车间折旧费为 7 000 元,行政管理部门折旧费为 3 000 元。

(15) 12 月 31 日,将本月发生的制造费用按 X 产品和 Y 产品生产工人工资比例分配计入生产成本。

(16) 12 月 31 日,结转完工入库产品成本,X 产品 700 件,Y 产品 500 件,产品成本计算表如表 9-3 所示。

▼ 表 9-3 ▼

产品成本计算表

2016 年 12 月 31 日   单位:元

项 目		直接材料费	直接人工费	制造费用	合 计
X 产品	总成本	170 000	30 000	26 700	226 700
	单位成本				323.9
Y 产品	总成本	105 000	20 000	17 800	142 800
	单位成本				285.6

(17) 12 月 31 日,向乙公司销售 X 产品 400 件,单价 600 元,Y 产品 400 件,单价 500 元,增值税税率为 17%,收到转账支票并送存银行。

(18) 12 月 31 日,按先进先出法结转,本月销售 X、Y 产品的成本。

(19) 12 月 31 日将本月收入转入"本年利润"账户。

(20) 12 月 31 日将本月费用支出转入"本年利润"账户。

(21) 12 月 31 日按所得税税率 25% 计提本年应交的所得税费用。

(22) 12 月 31 日将本年所得税费用转入"本年利润"账户。

(23) 12 月 31 日将净利润结转利润分配。

(24) 12 月 31 日按规定从净利润中提取法定盈余公积金(10% 比例),经研究决定给投资者用现金分配利润 200 000 元。

(25) 年终,进行利润结算。

2 核算程序及要求

2.1 编制记账凭证

根据东方有限责任公司 12 月份发生的会计事项的原始凭证,填列记账凭证,格式如表 9-4 至表 9-30 所示。

▼表9-4▼

记 账 凭 证

年   月   日   字第   号

摘 要	会 计 科 目		借 方 金 额	贷 方 金 额	记账√
	总账科目	明细科目			
附件 张	合 计				

会计主管   记账   出纳   审核   制证

▼表9-5▼

记 账 凭 证

年   月   日   字第   号

摘 要	会 计 科 目		借 方 金 额	贷 方 金 额	记账√
	总账科目	明细科目			
附件 张	合 计				

会计主管   记账   出纳   审核   制证

▼表9-6▼

记 账 凭 证

年   月   日   字第   号

摘 要	会 计 科 目		借 方 金 额	贷 方 金 额	记账√
	总账科目	明细科目			
附件 张	合 计				

会计主管   记账   出纳   审核   制证

▼ 表 9-7 ▼

记 账 凭 证

年　月　日　　　　　　　　　　　　　　字第　号

摘　　要	会 计 科 目		借 方 金 额	贷 方 金 额	记账√
	总账科目	明细科目			
附件　张	合　　计				

会计主管　　　　　记账　　　　　出纳　　　　　审核　　　　　制证

▼ 表 9-8 ▼

记 账 凭 证

年　月　日　　　　　　　　　　　　　　字第　号

摘　　要	会 计 科 目		借 方 金 额	贷 方 金 额	记账√
	总账科目	明细科目			
附件　张	合　　计				

会计主管　　　　　记账　　　　　出纳　　　　　审核　　　　　制证

▼ 表 9-9 ▼

记 账 凭 证

年　月　日　　　　　　　　　　　　　　字第　号

摘　　要	会 计 科 目		借 方 金 额	贷 方 金 额	记账√
	总账科目	明细科目			
附件　张	合　　计				

会计主管　　　　　记账　　　　　出纳　　　　　审核　　　　　制证

▼ 表9-10 ▼

记 账 凭 证

年　　月　　日　　　　　　　　　　　　　字第　　号

摘　要	会 计 科 目		借 方 金 额	贷 方 金 额	记账√
	总账科目	明细科目			
附件　　张	合　　计				

会计主管　　　　　　记账　　　　　　出纳　　　　　　审核　　　　　　制证

▼ 表9-11 ▼

记 账 凭 证

年　　月　　日　　　　　　　　　　　　　字第　　号

摘　要	会 计 科 目		借 方 金 额	贷 方 金 额	记账√
	总账科目	明细科目			
附件　　张	合　　计				

会计主管　　　　　　记账　　　　　　出纳　　　　　　审核　　　　　　制证

▼ 表9-12 ▼

记 账 凭 证

年　　月　　日　　　　　　　　　　　　　字第　　号

摘　要	会 计 科 目		借 方 金 额	贷 方 金 额	记账√
	总账科目	明细科目			
附件　　张	合　　计				

会计主管　　　　　　记账　　　　　　出纳　　　　　　审核　　　　　　制证

▼表9-13▼

记 账 凭 证

年　月　日　　　　　　　　　　　　　字第　号

摘　　要	会 计 科 目		借 方 金 额	贷 方 金 额	记账√
	总账科目	明细科目			
附件　张	合　　计				

会计主管　　　　　记账　　　　　出纳　　　　　审核　　　　　制证

▼表9-14▼

记 账 凭 证

年　月　日　　　　　　　　　　　　　字第　号

摘　　要	会 计 科 目		借 方 金 额	贷 方 金 额	记账√
	总账科目	明细科目			
附件　张	合　　计				

会计主管　　　　　记账　　　　　出纳　　　　　审核　　　　　制证

▼表9-15▼

记 账 凭 证

年　月　日　　　　　　　　　　　　　字第　号

摘　　要	会 计 科 目		借 方 金 额	贷 方 金 额	记账√
	总账科目	明细科目			
附件　张	合　　计				

会计主管　　　　　记账　　　　　出纳　　　　　审核　　　　　制证

▼ 表9-16 ▼

记 账 凭 证

年 月 日 　　　　　　　　　字第 号

摘　　要	会 计 科 目		借 方 金 额	贷 方 金 额	记账√
	总账科目	明细科目			
附件　张	合　　计				

会计主管　　　　　记账　　　　　出纳　　　　　审核　　　　　制证

▼ 表9-17 ▼

记 账 凭 证

年 月 日 　　　　　　　　　字第 号

摘　　要	会 计 科 目		借 方 金 额	贷 方 金 额	记账√
	总账科目	明细科目			
附件　张	合　　计				

会计主管　　　　　记账　　　　　出纳　　　　　审核　　　　　制证

▼ 表9-18 ▼

记 账 凭 证

年 月 日 　　　　　　　　　字第 号

摘　　要	会 计 科 目		借 方 金 额	贷 方 金 额	记账√
	总账科目	明细科目			
附件　张	合　　计				

会计主管　　　　　记账　　　　　出纳　　　　　审核　　　　　制证

▼ 表 9-19 ▼

记 账 凭 证

年 月 日 字第 号

摘 要	会 计 科 目		借 方 金 额	贷 方 金 额	记账√
	总账科目	明细科目			
附件 张	合 计				

会计主管　　　　　记账　　　　　出纳　　　　　审核　　　　　制证

▼ 表 9-20 ▼

记 账 凭 证

年 月 日 字第 号

摘 要	会 计 科 目		借 方 金 额	贷 方 金 额	记账√
	总账科目	明细科目			
附件 张	合 计				

会计主管　　　　　记账　　　　　出纳　　　　　审核　　　　　制证

▼ 表 9-21 ▼

记 账 凭 证

年 月 日 字第 号

摘 要	会 计 科 目		借 方 金 额	贷 方 金 额	记账√
	总账科目	明细科目			
附件 张	合 计				

会计主管　　　　　记账　　　　　出纳　　　　　审核　　　　　制证

▼表9-22▼

记 账 凭 证

年　月　日　　　　　　　　　　　　　　　　字第　号

摘　　要	会 计 科 目		借方金额	贷方金额	记账√
	总账科目	明细科目			
附件　张	合　　计				

会计主管　　　　　　记账　　　　　　出纳　　　　　　审核　　　　　　制证

▼表9-23▼

记 账 凭 证

年　月　日　　　　　　　　　　　　　　　　字第　号

摘　　要	会 计 科 目		借方金额	贷方金额	记账√
	总账科目	明细科目			
附件　张	合　　计				

会计主管　　　　　　记账　　　　　　出纳　　　　　　审核　　　　　　制证

▼表9-24▼

记 账 凭 证

年　月　日　　　　　　　　　　　　　　　　字第　号

摘　　要	会 计 科 目		借方金额	贷方金额	记账√
	总账科目	明细科目			
附件　张	合　　计				

会计主管　　　　　　记账　　　　　　出纳　　　　　　审核　　　　　　制证

▼表9-25▼

记 账 凭 证

年　月　日　　　　　　　　　　　　字第　号

摘　要	会 计 科 目		借方金额	贷方金额	记账√
	总账科目	明细科目			
附件　张	合　　计				

会计主管　　　　　记账　　　　　出纳　　　　　审核　　　　　制证

▼表9-26▼

记 账 凭 证

年　月　日　　　　　　　　　　　　字第　号

摘　要	会 计 科 目		借方金额	贷方金额	记账√
	总账科目	明细科目			
附件　张	合　　计				

会计主管　　　　　记账　　　　　出纳　　　　　审核　　　　　制证

▼表9-27▼

记 账 凭 证

年　月　日　　　　　　　　　　　　字第　号

摘　要	会 计 科 目		借方金额	贷方金额	记账√
	总账科目	明细科目			
附件　张	合　　计				

会计主管　　　　　记账　　　　　出纳　　　　　审核　　　　　制证

▼ 表9-28 ▼

记 账 凭 证

年　月　日　　　　　　　　　　　　　　字第　号

摘　要	会 计 科 目		借 方 金 额	贷 方 金 额	记账✓
	总账科目	明细科目			
附件　　张	合　　计				

会计主管　　　　　记账　　　　　出纳　　　　　审核　　　　　制证

▼ 表9-29 ▼

记 账 凭 证

年　月　日　　　　　　　　　　　　　　字第　号

摘　要	会 计 科 目		借 方 金 额	贷 方 金 额	记账✓
	总账科目	明细科目			
附件　　张	合　　计				

会计主管　　　　　记账　　　　　出纳　　　　　审核　　　　　制证

▼ 表9-30 ▼

记 账 凭 证

年　月　日　　　　　　　　　　　　　　字第　号

摘　要	会 计 科 目		借 方 金 额	贷 方 金 额	记账✓
	总账科目	明细科目			
附件　　张	合　　计				

会计主管　　　　　记账　　　　　出纳　　　　　审核　　　　　制证

2.2 登记日记账和明细账

日记账和明细账格式如表 9-31 至 9-64 所示。

▼ 表 9-31 ▼

库存现金日记账

2016 年		凭证		摘　要	对方科目	借方	贷方	借或贷	余额
月	日	字	号						
12	1			期初余额					2 000

▼ 表 9-32 ▼

银行存款日记账

年		凭证		摘　要	对方科目	借方	贷方	借或贷	余额
月	日	字	号						

▼ 表9-33 ▼

应收账款明细账

账户名称:甲公司

年		凭证		摘 要	借方	贷方	借或贷	余额
月	日	字	号					

▼ 表9-34 ▼

应收账款明细账

账户名称:乙公司

年		凭证		摘 要	借方	贷方	借或贷	余额
月	日	字	号					

▼ 表 9-35 ▼

其他应收款明细账

账户名称：王红

年		凭证		摘　要	借方	贷方	借或贷	余额
月	日	字	号					

▼ 表 9-36 ▼

固定资产项目明细账

资产名称：

年		凭证		摘　要	原　值			折　旧			净值
月	日	字	号		借方	贷方	借方余额	借方	贷方	贷方余额	

▼ 表 9-37 ▼

固定资产项目明细账

资产名称：

年		凭证		摘　要	原　值			折　旧			净值
月	日	字	号		借方	贷方	借方余额	借方	贷方	贷方余额	

▼表 9-38 ▼

累计折旧明细账

年		凭证		摘　要	借方	贷方	借或贷	余额
月	日	字	号					

▼表 9-39 ▼

累计折旧明细账

年		凭证		摘　要	借方	贷方	借或贷	余额
月	日	字	号					

▼表 9-40 ▼

短期借款明细账

年		凭证		摘　要	借方	贷方	借或贷	余额
月	日	字	号					

▼ 表 9-41 ▼

应付职工薪酬明细账

年		凭证		摘 要	借方	贷方	借或贷	余额
月	日	字	号					

▼ 表 9-42 ▼

应交税金(增值税)明细账

年		凭证		摘 要	借 方			贷 方			借或贷	余额
月	日	字	号		合计	进项税额	…	合计	销项税额	…		

▼ 表 9-43 ▼

所得税费用明细账

年		凭证		摘 要	借方	贷方	借或贷	余额
月	日	字	号					

▼表9-44▼

长期借款明细账

年		凭证		摘 要	借方	贷方	借或贷	余额
月	日	字	号					

▼表9-45▼

本年利润明细账

年		凭证		摘 要	借方	贷方	借或贷	余额
月	日	字	号					

▼表9-46▼

未分配利润明细账

年		凭证		摘 要	借方	贷方	借或贷	余额
月	日	字	号					

▼ 表9-47 ▼

提取法定盈余公积明细账

年		凭证		摘　要	借方	贷方	借或贷	余额
月	日	字	号					

▼ 表9-48 ▼

向投资者分配利润明细账

年		凭证		摘　要	借方	贷方	借或贷	余额
月	日	字	号					

▼ 表9-49 ▼

盈余公积明细账

年		凭证		摘　要	借方	贷方	借或贷	余额
月	日	字	号					

▼表 9-50 ▼

应付利润明细账

年		凭证		摘　要	借方	贷方	借或贷	余额
月	日	字	号					

▼表 9-51 ▼

应交税费——应交所得税明细账

年		凭证		摘　要	借方	贷方	借或贷	余额
月	日	字	号					

▼表 9-52 ▼

实收资本明细账

年		凭证		摘　要	借方	贷方	借或贷	余额
月	日	字	号					

▼ 表 9-53 ▼

原材料明细账

账户名称：A 材料

年		凭证号	摘要	收　入			发　出			结　余		
月	日			数量	单价	金额	数量	单价	金额	数量	单价	金额

▼ 表 9-54 ▼

原材料明细账

账户名称：B 材料

年		凭证号	摘要	收　入			发　出			结　余		
月	日			数量	单价	金额	数量	单价	金额	数量	单价	金额

▼ 表 9-55 ▼

库存商品明细账

账户名称：X产品

年		凭证号	摘要	收　入			发　出			结　余		
月	日			数量	单价	金额	数量	单价	金额	数量	单价	金额

▼ 表 9-56 ▼

库存商品明细账

账户名称：Y产品

年		凭证号	摘要	收　入			发　出			结　余		
月	日			数量	单价	金额	数量	单价	金额	数量	单价	金额

▼表 9-57 ▼

生产成本明细账

账户名称:X产品

2016年		凭证号	摘　要	直接材料	直接人工	燃料及动力	制造费用	合计
月	日							
12	1		期初在产品成本	7 000	3 860	180	2 960	14 000

▼表 9-58 ▼

生产成本明细账

账户名称:Y产品

2016年		凭证号	摘　要	直接材料	直接人工	燃料及动力	制造费用	合计
月	日							
12	1		期初在产品成本	10 000	5 200	300	4 500	20 000

▼表 9-59 ▼

管理费用明细账

年		凭证编号	摘要	借方						合计	贷方
月	日										

▼表 9-60 ▼

制造费用明细账

年		凭证编号	摘要	借方					合计	贷方
月	日									

▼表 9-61 ▼

销售费用明细账

年		凭证编号	摘要	借方						合计	贷方
月	日										

▼表 9-62 ▼

主营业务收入明细账

年		凭证编号	摘要	贷方						合计	借方
月	日										

▼表 9-63 ▼

主营业务成本明细账

年		凭证编号	摘要	借方						合计	贷方
月	日										

▼表 9-64 ▼

营业外收入明细账

年		凭证编号	摘要	借方				合计	贷方
月	日								

2.3 编制科目汇总表

科目汇总表格式如表9-65所示。

▼表9-65▼

科 目 汇 总 表

编制单位：　　　　　　　　　　年　月　　　　　　　　　　第　号

会计科目	1～10日发生额		11～20日发生额		21～31日发生额		合计	
	借方	贷方	借方	贷方	借方	贷方	借方	贷方
库存现金								
银行存款								
应收账款								
其他应收款								
原材料								
库存商品								
生产成本								
制造费用								
固定资产								
累计折旧								
短期借款								
应付职工薪酬								
应交税费								
应付利润								
盈余公积								
利润分配								
主营业务收入								
营业外收入								
主营业务成本								
销售费用								
管理费用								
所得税费用								
本年利润								
合　计								

2.4 登记总账

总账格式如表9-66至表9-90所示。

▼ 表 9-66 ▼

总　账

会计科目名称及编号：库存现金

年		凭证编号	摘　要	借　方	贷　方	借或贷	余　额
月	日						

▼ 表 9-67 ▼

总　账

会计科目名称及编号：银行存款

年		凭证编号	摘　要	借　方	贷　方	借或贷	余　额
月	日						

▼ 表 9-68 ▼

总　账

会计科目名称及编号：其他应收款

年		凭证编号	摘　要	借　方	贷　方	借或贷	余　额
月	日						

▼ 表9-69 ▼

总　账

会计科目名称及编号:原材料

年		凭证编号	摘　要	借　方	贷　方	借或贷	余　额
月	日						

▼ 表9-70 ▼

总　账

会计科目名称及编号:应收账款

年		凭证编号	摘　要	借　方	贷　方	借或贷	余　额
月	日						

▼ 表9-71 ▼

总　账

会计科目名称及编号:库存商品

年		凭证编号	摘　要	借　方	贷　方	借或贷	余　额
月	日						

▼表9-72▼

总 账

会计科目名称及编号:**固定资产**

年		凭证编号	摘 要	借 方	贷 方	借或贷	余 额
月	日						

▼表9-73▼

总 账

会计科目名称及编号:**累计折旧**

年		凭证编号	摘 要	借 方	贷 方	借或贷	余 额
月	日						

▼表9-74▼

总 账

会计科目名称及编号:**生产成本**

年		凭证编号	摘 要	借 方	贷 方	借或贷	余 额
月	日						

▼ 表 9-75 ▼

总 账

会计科目名称及编号:制造费用

年		凭证编号	摘 要	借方	贷方	借或贷	余 额
月	日						

▼ 表 9-76 ▼

总 账

会计科目名称及编号:短期借款

年		凭证编号	摘 要	借方	贷方	借或贷	余 额
月	日						

▼ 表 9-77 ▼

总 账

会计科目名称及编号:应付职工薪酬

年		凭证编号	摘 要	借方	贷方	借或贷	余 额
月	日						

▼表9-78▼

总 账

会计科目名称及编号:<u>应交税费</u>

年		凭证编号	摘 要	借 方	贷 方	借或贷	余 额
月	日						

▼表9-79▼

总 账

会计科目名称及编号:<u>长期借款</u>

年		凭证编号	摘 要	借 方	贷 方	借或贷	余 额
月	日						

▼表9-80▼

总 账

会计科目名称及编号:<u>主营业务收入</u>

年		凭证编号	摘 要	借 方	贷 方	借或贷	余 额
月	日						

▼表 9-81 ▼

总　账

会计科目名称及编号：**主营业务成本**

年		凭证编号	摘　要	借　方	贷　方	借或贷	余　额
月	日						

▼表 9-82 ▼

总　账

会计科目名称及编号：**营业外收入**

年		凭证编号	摘　要	借　方	贷　方	借或贷	余　额
月	日						

▼表 9-83 ▼

总　账

会计科目名称及编号：**管理费用**

年		凭证编号	摘　要	借　方	贷　方	借或贷	余　额
月	日						

▼表 9-84 ▼

总　账

会计科目名称及编号：销售费用

年		凭证编号	摘　要	借　方	贷　方	借或贷	余　额
月	日						

▼表 9-85 ▼

总　账

会计科目名称及编号：本年利润

年		凭证编号	摘　要	借　方	贷　方	借或贷	余　额
月	日						

▼表 9-86 ▼

总　账

会计科目名称及编号：所得税费用

年		凭证编号	摘　要	借　方	贷　方	借或贷	余　额
月	日						

▼表9-87▼

总　　账

会计科目名称及编号：**实收资本**

年		凭证编号	摘　要	借　方	贷　方	借或贷	余　额
月	日						

▼表9-88▼

总　　账

会计科目名称及编号：**利润分配**

年		凭证编号	摘　要	借　方	贷　方	借或贷	余　额
月	日						

▼表9-89▼

总　　账

会计科目名称及编号：**盈余公积**

年		凭证编号	摘　要	借　方	贷　方	借或贷	余　额
月	日						

▼ 表 9-90 ▼

总 账

会计科目名称及编号:应付利润

年		凭证编号	摘 要	借 方	贷 方	借或贷	余 额
月	日						

2.5 进行账户发生额与余额的核对

库存现金、银行存款日记账和明细账与总账的核对,如表 9-91 所示。

▼ 表 9-91 ▼

库存现金、银行存款日记账、明细账与总账核对表

账户名称	期末余额	账户名称	期末余额
库存现金总分类账		应收账款总分类账	
库存现金日记账		应收账款明细账	
银行存款总分类账		其中:甲公司	
银行存款日记账		乙公司	
原材料总账		生产成本总分类账	
原材料明细账		生产成本明细账	
其中:A材料		其中:X产品	
B材料		Y产品	

2.6 试算平衡

总分类账户发生额及余额试算平衡如表 9-92 所示。

▼ 表 9-92 ▼

总分类账户发生额及余额试算平衡表

年　月

会计科目	期初余额		本期发生额		期末余额	
	借方	贷方	借方	贷方	借方	贷方
库存现金						
银行存款						
应收账款						
其他应收款						
原材料						
生产成本						
制造费用						
库存商品						
固定资产						
累计折旧						
短期借款						
应付职工薪酬						
应交税费						
应付股利						
长期借款						
实收资本						
盈余公积						
本年利润						
利润分配						
主营业务收入						
主营业务成本						
营业外收入						
销售费用						
管理费用						
所得税费用						
合　计						

3 编制资产负债表

资产负债表格式如表 9-93 所示。

▼ 表 9-93 ▼

资 产 负 债 表

编制单位：东方有限责任公司　　　　　　年　月　日　　　　　　　　单位：元

资 产	期末余额	年初余额	负债及所有者权益	期末余额	年初余额
流动资产：			流动负债：		
货币资金			短期借款		
交易性金融资产			应付票据		
应收票据			应付账款		
应收账款			预收款项		
预付款项			应付职工薪酬		
应收利息			应交税费		
应收股利			应付利息		
其他应收款			应付股利		
存货			其他应付款		
一年内到期的非流动资产			一年内到期的非流动负债		
其他流动资产			其他流动负债		
流动资产合计			流动负债合计		
非流动资产：			非流动负债：		
可供出售金融资产			长期借款		
持有至到期投资			应付债券		
长期股权投资			长期应付款		
固定资产			预计负债		
固定资产清理			非流动负债合计		
在建工程			负债合计		
工程物资			所有者权益：		
无形资产			实收资本		
商誉			资本公积		
长期待摊费用			盈余公积		
递延所得税资产			未分配利润		
非流动资产合计			所有者权益合计		
资产总计			负债及所有者权益总计		

4 编制利润表

利润表格式如表 9-94 所示。

▼表 9-94 ▼

利 润 表

编制单位：东方有限责任公司　　　　　　　年　月　　　　　　　　　　单位：元

项　目	本期金额	上期金额
一、营业收入		
减：营业成本		
税金及附加		
销售费用		
管理费用		
财务费用		
资产减值损失		
加：公允价值变动收益（损失以"－"号填列）		
投资收益（损失以"－"号填列）		
二、营业利润（亏损以"－"号填列）		
加：营业外收入		
减：营业外支出		
三、利润总额（亏损以"－"号填列）		
减：所得税费用		
四、净利润（净亏损以"－"号填列）		
五、其他综合收益的税后净额	（略）	
六、综合收益总额	（略）	
七、每股收益	（略）	
（一）基本每股收益		
（二）稀释每股收益		

附录一　练习题答案

专题一　企业经营活动、资金运动与会计核算内容

(一) 单项选择题

　　1. A　2. B　3. D　4. B　5. A　6. A

(二) 多项选择题

　　1. ABD　2. BDE　3. ABDE　4. ABE　5. ABCD　6. AE　7. ABCDE

(三) 判断题

　　1. ×　2. ×　3. ×　4. ×　5. √　6. √　7. √　8. √

专题二　会计核算的前提条件与一般原则

判断题

　　1. √　2. √　3. ×　4. ×　5. ×

专题三　手工会计核算的一般程序与记账方法

(一) 判断题

　　1. ×　2. √　3. √　4. √　5. √

(二) 计算题

　　1. 200 000　2. 1 800 000　3. 400 000　4. 60 000

(三) 编写会计分录

　　1. 提取现金时：

借：库存现金　　　　　　　　　　　　　　　　　　　800
　　贷：银行存款——工商银行　　　　　　　　　　　800

　　2. 购买办公用品时：

借：管理费用——办公费　　　　　　　　　　　　　　300
　　贷：库存现金　　　　　　　　　　　　　　　　　300

　　3. 支付招待费时：

借：管理费用——业务招待费　　　　　　　　　　　2 000
　　贷：银行存款——工商银行　　　　　　　　　　2 000

　　4. 支付水电费时：

借：管理费用——水电费   1 800
  贷：银行存款——工商银行   1 800

5. 结算工资时：

借：生产成本——A产品   25 000
  生产成本——B产品   15 000
  制造费用——工资   10 000
  管理费用——工资   8 000
  贷：应付职工薪酬——工资   58 000

专题四　企业基本业务的会计处理

（一）判断题

1. √　2. √　3. √　4. √

（二）会计分录题

1. 借：原材料   100 000
   应交税费——应交增值税（进项税额） 17 000
  贷：银行存款   117 000

2. 借：原材料   8 000
   应交税费——应交增值税（进项税额） 1 360
  贷：应付账款   9 360

3. 借：应付账款   9 360
  贷：银行存款   9 360

4. 借：在途物资   15 000
   应交税费——应交增值税（进项税额） 2 550
  贷：银行存款   17 550

5. 借：原材料   15 000
  贷：在途物资   15 000

6. 借：生产成本   470 000
   制造费用   60 000
   管理费用   20 000
  贷：原材料   550 000

7. 借：生产成本   130 000
   制造费用   30 000
   管理费用   50 000
  贷：应付职工薪酬   210 000

8. 借：制造费用   3 000
   管理费用   1 000
  贷：累计折旧   4 000

9.　借：制造费用　　　　　　　　　　　　　　　　　　　　　1 000
　　　贷：库存现金　　　　　　　　　　　　　　　　　　　　　　1 000

10.　借：生产成本　　　　　　　　　　　　　　　　　　　　94 000
　　　贷：制造费用　　　　　　　　　　　　　　　　　　　　　94 000

11.　借：库存商品　　　　　　　　　　　　　　　　　　　694 000
　　　贷：生产成本　　　　　　　　　　　　　　　　　　　　694 000

12.　借：银行存款　　　　　　　　　　　　　　　　　　　702 000
　　　贷：主营业务收入　　　　　　　　　　　　　　　　　　600 000
　　　　　应交税费——应交增值税（销项税额）　　　　　　102 000

13.　借：应收账款　　　　　　　　　　　　　　　　　　　468 000
　　　贷：主营业务收入　　　　　　　　　　　　　　　　　　400 000
　　　　　应交税费——应交增值税（销项税额）　　　　　　　68 000

14.　借：税金与附加　　　　　　　　　　　　　　　　　　　10 000
　　　贷：应交税费——应交城市维护建设税　　　　　　　　　7 000
　　　　　　　　　　——应交教育费附加　　　　　　　　　　3 000

15.　借：销售费用　　　　　　　　　　　　　　　　　　　　10 000
　　　贷：银行存款　　　　　　　　　　　　　　　　　　　　10 000

16.　借：财务费用　　　　　　　　　　　　　　　　　　　　3 000
　　　贷：应付利息　　　　　　　　　　　　　　　　　　　　3 000

17.　借：主营业务成本　　　　　　　　　　　　　　　　　600 000
　　　贷：库存商品　　　　　　　　　　　　　　　　　　　600 000

18.　借：银行存款　　　　　　　　　　　　　　　　　　　14 040
　　　贷：其他业务收入　　　　　　　　　　　　　　　　　12 000
　　　　　应交税费——应交增值税（销项税额）　　　　　　　2 040

19.　借：其他业务成本　　　　　　　　　　　　　　　　　10 000
　　　贷：原材料　　　　　　　　　　　　　　　　　　　　10 000

20.　借：营业外支出　　　　　　　　　　　　　　　　　　6 000
　　　贷：银行存款　　　　　　　　　　　　　　　　　　　6 000

21.　借：主营业务收入　　　　　　　　　　　　　　　　1 000 000
　　　　其他业务收入　　　　　　　　　　　　　　　　　12 000
　　　贷：本年利润　　　　　　　　　　　　　　　　　1 012 000
　　　借：本年利润　　　　　　　　　　　　　　　　　　710 000
　　　贷：主营业务成本　　　　　　　　　　　　　　　　600 000
　　　　　其他业务成本　　　　　　　　　　　　　　　　10 000
　　　　　税金及附加　　　　　　　　　　　　　　　　　10 000
　　　　　销售费用　　　　　　　　　　　　　　　　　　10 000
　　　　　管理费用　　　　　　　　　　　　　　　　　　71 000
　　　　　财务费用　　　　　　　　　　　　　　　　　　3 000
　　　　　营业外支出　　　　　　　　　　　　　　　　　6 000

22. 借：所得税费用   80 000
  贷：应交税费——应交所得税   80 000

23. 借：本年利润   80 000
  贷：所得税费用   80 000

24. 借：利润分配——未分配利润   240 000
  贷：本年利润   240 000

25. 借：利润分配——提取盈余公积   24 000
      ——应付现金股利或利润 100 000
  贷：盈余公积   24 000
    应付股利   100 000

26. 借：利润分配——未分配利润   124 000
  贷：利润分配——提取盈余公积   24 000
      ——应付现金股利或利润 100 000

专题五 会 计 凭 证

(一) 单项选择题
 1. D 2. A 3. A
(二) 多项选择题
 1. CDE 2. ABC 3. ABCDE

专题六 会 计 账 簿

(一) 单项选择题
 1. B 2. C 3. B 4. C 5. B
(二) 银行存款日记账登记实操
 1. 会计分录：
 (1) 借：库存现金   500
    贷：银行存款   500(银付字 01 号)

 (2) 借：短期借款   50 000
    贷：银行存款   50 000(银付字 02 号)

 (3) 借：银行存款   30 000
    贷：应收账款   30 000(银收字 01 号)

 (4) 借：销售费用——广告费   10 000
    贷：银行存款   10 000(银付字 03 号)

（5）借：库存现金　　　　　　　　　　　　　　　　　　60 000

　　　贷：银行存款　　　　　　　　　　　　　　　　60 000（银付字 04 号）

2. 登记银行存款日记账，如表 6-1 所示。

▼表 6-1▼

银行存款日记账

第×页

2016 年		凭证编号	摘　要	对方科目	票号	借方	贷方	借或贷	余额
月	日								
5	1		期初余额					借	300 000
5	1	银付字 01 号	提取现金	库存现金	（略）		500	借	299 500
5	10	银付字 02 号	归还借款	短期借款			50 000	借	249 500
5	15	银收字 01 号	收回款项	应收账款		30 000		借	279 500
5	25	银付字 03 号	支付广告费	销售费用			10 000	借	269 500
5	30	银付字 04 号	提取现金	库存现金			60 000	借	209 500
5	31		本月合计			30 000	120 500	借	209 500

（三）生产成本明细账登记实操

1. 会计分录：

（1）借：生产成本——甲产品——直接材料　　　　　　　150 000

　　　贷：原材料——甲材料　　　　　　　　　　　　150 000（转字 01 号）

（2）借：生产成本——甲产品——直接人工　　　　　　　30 000

　　　贷：应付职工薪酬——工资　　　　　　　　　　30 000（转字 02 号）

（3）借：生产成本——甲产品——制造费用　　　　　　　25 000

　　　贷：制造费用　　　　　　　　　　　　　　　　25 000（转字 03 号）

（4）借：库存商品——甲产品　　　　　　　　　　　　　207 500

　　　贷：生产成本——甲产品——直接材料　　　　　　151 000

　　　　　　　　　——甲产品——直接人工　　　　　　31 500

　　　　　　　　　——甲产品——制造费用　　　　　　25 000（转字 04 号）

2. 登记生产成本明细账，如表 6-2 所示。

▼表 6-2▼

生产成本明细账

2016 年		凭证编号	摘　要	直接材料	直接人工	制造费用	合计
月	日						
5	1		期初余额	9 000	3 500	2 500	15 000
5	2	转字第 01 号	领用甲材料生产	150 000			150 000
5	28	转字第 02 号	分配生产工人工资		30 000		30 000
5	31	转字第 03 号	分配制造费用			25 000	25 000

（续表）

| 2016年 | | 凭证编号 | 摘　要 | 直接材料 | 直接人工 | 制造费用 | 合计 |
月	日						
5	31		本月发生额合计	150 000	30 000	25 000	205 000
5	31		本月累计金额	159 000	33 500	27 500	220 000
5	31	转字第04号	完工转出成本	151 000	31 500	25 000	207 500
5	31		期末在产品成本	8 000	2 000	2 500	12 500

（四）错账更正实操

（1）该经济业务的发生，导致记账凭证、银行存款日记账和应收账款明细账账簿上的金额少记了 2 700 元，因此，采用补充登记法更正错账。

先用蓝字填制一张与原记账凭证借、贷内容相同的记账凭证，金额为 2 700 元，填制的记账凭证如表 6-3 所示。

▼表 6-3 ▼

记 账 凭 证

2016 年 5 月 31 日　　　　　　　　　　　　　银收字第 30 号

| 摘　要 | 会 计 科 目 | | 借方金额 | 贷方金额 | 记账√ |
	总账科目	明细科目			
补记第 02 号	银行存款	工商银行	2 700		√
凭证少记金额	应收账款	南方公司		2 700	√
附件 0 张	合　　计		￥2 700	￥2 700	

会计主管　　　　　记账　　　　　出纳　　　　　审核　　　　　制证：××

根据上列凭证登记"银行存款日记账"和"应收账款明细账"，如表 6-4 和表 6-5 所示。

▼表 6-4 ▼

银行存款日记账

| 2016年 | | 凭证编号 | 摘　要 | 对方科目 | 票号 | 借方 | 贷方 | 借或贷 | 余额 |
月	日								
5	1		期初余额					借	×××
5	31	银收字第 02 号	补记第 02 号凭证少记金额	应收账款		2 700		借	×××
…									

200

▼表6-5▼

应收账款明细账

单位名称:南方公司

2016年		凭证编号	摘　要	借　方	贷　方	借或贷	余　额
月	日						
5	1		期初余额			借	×××
5	31	银收字30号	补记第02号凭证少记金额		2 700	借	×××
…							

(2)此错账是由于记账凭证账户有误,从而账簿登记有误,因此采用红字更正法更正错账。

第一步,用红字填写一张与错误记账凭证内容相同的记账凭证,如表6-6所示。

▼表6-6▼

记 账 凭 证

2016年5月31日　　　　　　　　　　　　转字第31号

摘　要	会 计 科 目		借方金额	贷方金额	记账√
	总账科目	明细科目			
更正第05号	管理费用	差旅费	3 000		√
凭证错误	其他应收款	王丽		3 000	√
附件 0 张	合　　计		￥3 000	￥3 000	

会计主管　　　　　记账　　　　　出纳　　　　　审核　　　　　制证:××

第二步,根据上列红字凭证登记管理费用明细账和其他应收款明细账,如表6-7和表6-8所示。

▼表6-7▼

管理费用明细账

2016年		凭证编号	摘　要	借方				
月	日			办公费	差旅费	职工薪酬	……	合计
…								
5	31	转字第31号	更正第05号凭证错误		3 000			3 000
…								

▼表6-8▼

其他应收款明细账

单位名称:王丽

2016年		凭证编号	摘　要	借　方	贷　方	借或贷	余　额
月	日						
5	1		期初余额			借	×××
5	8	略	预借差旅费	3 000		借	×××
5	12	转字第05号	王丽报销差旅费		3 000	借	×××
5	31	转字第31号	更正第05号凭证错误		3 000	借	×××
...							

第三步,用蓝字填制正确的记账凭证,如表6-9所示。

▼表6-9▼

记 账 凭 证

2016年5月31日　　　　　　　　　转字第32号

摘　要	会 计 科 目		借 方 金 额	贷 方 金 额	记账√
	总账科目	明细科目			
更正第05号	制造费用	差旅费	3 000		√
凭证错误	其他应收款	王丽		3 000	√
附件 0 张	合　计		￥3 000	￥3 000	

会计主管　　　记账　　　出纳　　　审核　　　制证:××

第四步,根据上列蓝字凭证登记有关账簿,如表6-10和表6-11所示。

▼表6-10▼

制造费用明细账

2016年		凭证编号	摘　要	借方				
月	日			办公费	水电费	差旅费	……	合计
...								
5	31	转字第32号	更正第05号凭证错误			3 000		3 000
...								

▼表6-11▼

其他应收款明细账

单位名称:王丽

2016年		凭证编号	摘 要	借 方	贷 方	借或贷	余 额
月	日						
5	1		期初余额			借	×××
5	8	(略)	预借差旅费	3 000		借	×××
5	12	转字第05号	王丽报销差旅费		3 000	借	×××
5	31	转字第31号	更正第05号凭证错误		3 000	借	×××
5	31	转字第32号	更正第05号凭证错误		3 000	借	×××
...							

（3）此错账是由于记账凭证的金额多记了900元,从而账簿登记时也多记了900元,因此采用红字更正法更正错账。

第一步,用红字填写一张与错误记账凭证经济内容相同的记账凭证,金额为900元,如表6-12所示。

▼表6-12▼

记 账 凭 证

2016年5月31日 现付字第33号

摘 要	会计科目		借方金额	贷方金额	记账√
	总账科目	明细科目			
冲减第07号	销售费用	广告费	900		√
凭证多记金额	库存现金			900	√
附件 0 张	合 计		￥900	￥900	

会计主管 记账 出纳 审核 制证:××

第二步,根据红字凭证登记销售费用明细账和库存现金日记账,如表6-13和表6-14所示。

▼表6-13▼

销售费用明细账

2016年		凭证编号	摘 要	借方				
月	日			办公费	广告费	职工薪酬	……	合计
...								
5	31	现付字第33号	冲减第07号凭证多记金额		900			900
...								

▼表6-14▼

库存现金日记账

2016年		凭证编号	摘　要	借　方	贷　方	借或贷	余　额
月	日						
...							
5	31	现付字第33号	冲减第07号凭证多记金额	**900**		借	×××
...							

（4）该经济业务的发生，因记账凭证填制无误，是登记账簿时金额登记错误，因此采用划线更正法。更正情况如表6-15所示。

▼表6-15▼

划线更正法更正图示

借方金额										贷方金额									
亿	千	百	十	万	千	百	十	元	角	分	亿	千	百	十	万	千	百	十	元	角	分
					5	0	0	0	0								×××			
					6	0	0	0	0											

专题七　财产清查

(一) 判断题

1. √　2. ×　3. ×　4. ×　5. ×　6. √　7. √　8. ×　9. ×

(二) 经济业务题

1. 银行存款余额调节表的编制如表7-1所示。

▼表7-1▼

银行存款余额调节表

2016年6月30日　　　　　　　　　　　　　　　　单位：元

项　　目	金额	项　　目	金额
企业银行存款日记账余额	40 000	银行对账单余额	43 000
加：银行已收，企业未收款项		加：企业已收，银行未收款项	6 000
① 银行代收货款	5 500	减：企业已付，银行未付款项	4 000
② 银行存款利息	1 000		
减：银行已付，企业未付款项	1 500		
调节后的存款余额	45 000	调节后的存款余额	45 000

2. 财产清查结果的账务处理。

事项(1)

（1）报批前

借：原材料——甲材料　　　　　　　　　　　　　　　　　　　　4 000

　　贷：待处理财产损溢——待处理流动资产损溢　　　　　　　　　　　　　4 000

（2）报批后

借：待处理财产损溢——待处理流动资产损溢		4 000
贷：管理费用		4 000

事项（2）

（1）报批前

借：待处理财产损溢——待处理流动资产损溢		2 340
贷：原材料——乙材料		2 000
应交税费——应交增值税(进项税额转出)		340

（2）报批后

借：管理费用		702
其他应收款——保险公司		702
营业外支出——非常损失		936
贷：待处理财产损溢——待处理流动资产损溢		2 340

事项（3）

（1）报批前

借：库存现金		1 000
贷：待处理财产损溢——待处理流动资产损溢		1 000

（2）报批后

借：待处理财产损溢——待处理流动资产损溢		1 000
贷：营业外收入——现金溢余		700
其他应付款——王某		300

专题八　财务报告

（一）判断题

1. ×　2. ×　3. ×　4. ×　5. ×　6. √

（二）编制会计报表

1. 资产负债表如表8-1所示。

▼表8-1▼

资产负债表

编制单位：N公司　　　　　　　　2016年7月31日　　　　　　　　单位：元

资　　产	期末余额	年初余额	负债及所有者权益	期末余额	年初余额
流动资产：		略	流动负债：		略
货币资金	167 000		短期借款	80 000	
应收票据			应付票据		
应收账款	106 000		应付账款	85 000	

（续表）

资 产	期末余额	年初余额	负债及所有者权益	期末余额	年初余额
应收股利			应付职工薪酬		
其他应收款			应交税费	17 000	
存货	150 000		应付股利		
流动资产小计	423 000		其他应付款		
非流动资产：			流动负债合计	182 000	
长期股权投资			非流动负债：		
固定资产	400 000		长期借款		
固定资产清理			应付债券		
无形资产			非流动负债合计		
长期待摊费用			负债合计	182 000	
非流动资产小计	400 000		所有者权益：		
			实收资本	600 000	
			资本公积		
			盈余公积	6 000	
			未分配利润	35 000	
			所有者权益合计	641 000	
资产总计	823 000		负债及所有者权益总计	823 000	

2. 利润表如表 8-2 所示。

▼表 8-2 ▼

利 润 表

编制单位：S 公司　　　　　　　　　　2016 年 3 月　　　　　　　　　　单位：元

项 目	本期金额	上期金额
一、营业收入	1 230 000	
减：营业成本	715 000	
税金及附加	25 000	
销售费用	20 000	
管理费用	95 000	
财务费用	10 000	
加：投资收益（损失以"一"号填列）	15 000	
二、营业利润（亏损以"一"号填列）	380 000	
加：营业外收入	35 000	
减：营业外支出	18 000	
三、利润总额（亏损总额以"一"号填列）	397 000	
减：所得税费用	99 250	
四、净利润（净亏损额以"一"号填列）	297 750	

附录二 专题九手工会计模拟答案

1. 会计分录

(1) 12 月 1 日

借：库存现金	6 000
贷：银行存款——工商银行	6 000

(2) 12 月 2 日

借：其他应收款——王红	5 000
贷：库存现金	5 000

(3) 12 月 5 日

采购成本的计算：

$$A 材料的采购成本 = 20 \times 10\,000 = 200\,000(元)$$
$$B 材料的采购成本 = 25 \times 6\,000 = 150\,000(元)$$
$$进项税额 = (200\,000 + 150\,000) \times 17\% = 59\,500(元)$$

借：原材料——A 材料	200 000
——B 材料	150 000
应交税费——应交增值税(进项税额)	59 500
贷：银行存款——工商银行	409 500

(4) 12 月 8 日

借：管理费用——差旅费	4 500
库存现金	500
贷：其他应收款——王红	5 000

(5) 12 月 10 日

借：生产成本——X 产品——直接材料	170 000
——Y 产品——直接材料	105 000
制造费用——耗料	18 500
管理费用——耗料	19 000
贷：原材料——A 材料	220 000
——B 材料	92 500

(6) 12 月 15 日

借：银行存款——工商银行	45 000
贷：应收账款——甲公司	45 000

(7) 12 月 16 日

借：银行存款——工商银行   3 000

 贷：营业外收入——违约罚款   3 000

(8) 12 月 18 日

借：管理费用——维修费   500

 贷：库存现金   500

(9) 12 月 19 日

借：固定资产——机器设备   50 000

 贷：银行存款——工商银行   50 000

(10) 12 月 20 日

借：短期借款——工商银行(3 个月)   30 000

 贷：银行存款——工商银行   30 000

(11) 12 月 28 日

借：生产成本——X 产品——直接人工   30 000

     ——Y 产品——直接人工   20 000

  制造费用——工资   6 000

  管理费用——工资   10 000

  销售费用——工资   4 000

 贷：应付职工薪酬——工资   70 000

(12) 12 月 29 日

提现时：

借：库存现金   70 000

 贷：银行存款——工商银行   70 000

发放工资时：

借：应付职工薪酬——工资   70 000

 贷：库存现金   70 000

(13) 12 月 30 日

借：管理费用——水电费   1 000

  制造费用——水电费   13 000

  销售费用——水电费   2 000

 贷：银行存款   16 000

(14) 12 月 31 日

借：制造费用——折旧费   7 000

  管理费用——折旧费   3 000

 贷：累计折旧——车间折旧费   7 000

     ——行政部门折旧费   3 000

(15) 12 月 31。

制造费用合计 = 18 500 + 6 000 + 13 000 + 7 000 = 44 500(元)

X 产品分摊的制造费用 = 44 500 × [3 000 ÷ (2 000 + 3 000)] = 26 700(元)

Y 产品分摊的制造费用 = 44 500 × [2 000 ÷ (2 000 + 3 000)] = 17 800(元)

借：生产成本——X 产品——制造费用 26 700

    ——Y 产品——制造费用 17 800

 贷：制造费用——耗料 18 500

    ——工资 6 000

    ——水电费 13 000

    ——折旧费 7 000

(16) 12 月 31 日完工入库

借：库存商品——X 产品 226 700

    ——Y 产品 142 800

 贷：生产成本——X 产品——直接材料 170 000

      ——直接人工 30 000

      ——制造费用 26 700

    ——Y 产品——直接材料 105 000

      ——直接人工 20 000

      ——制造费用 17 800

(17) 12 月 31 日销售时

X 产品销售收入 = 400 × 600 = 240 000(元)

Y 产品销售收入 = 400 × 500 = 200 000(元)

借：银行存款 514 800

 贷：主营业务收入——X 产品 240 000

    ——Y 产品 200 000

  应交税费——应交增值税(销项税额) 74 800

(18) 12 月 31 日结转销售成本时

X 产品销售成本 = 30 000 + 300 × 323.9 = 127 170(元)

Y 产品销售成本 = 42 000 + 260 × 285.6 = 116 256(元)

结转成本时：

借：主营业务成本——X 产品 127 170

    ——Y 产品 116 256

 贷：库存商品——X 产品 127 170

    ——Y 产品 116 256

(19) 12 月 31 日结转益类账户

借：主营业务收入——X产品   240 000

     ——Y产品   200 000

 营业外收入——违约罚款   3 000

 贷：本年利润   443 000

(20) 12月31日结转损益类账户

借：本年利润   287 426

 贷：主营业务成本——X产品   127 170

       ——Y产品   116 256

  销售费用——水电费   2 000

     ——工资   4 000

  管理费用——差旅费   4 500

     ——耗料   19 000

     ——维修费   500

     ——工资   10 000

     ——水电费   1 000

     ——折旧费   3 000

(21)   12月份利润总额 $= 443\,000 - 287426 = 155\,574(元)$

      全年的利润总额 $= 660\,000 + 155\,574 = 815\,574(元)$

      所得税费用 $= 815\,574 \times 25\% = 203\,893.5(元)$

计提时：

借：所得税费用   203 893.5

 贷：应交税费——应交所得税   203 893.5

(22) 12月31日

结转所得税费用时：

借：本年利润   203 893.5

 贷：所得税费用   203 893.5

    净利润 $= 815\,574 - 203\,893.5 = 611\,680.5(元)$

(23) 结转净利润时

借：本年利润   611 680.5

 贷：利润分配——未分配利润   611 680.5

(24) 12月31日

提取法定盈余公积金时：$611\,680.5 \times 10\% = 61\,168.05(元)$。

借：利润分配——提取法定盈余公积金   61 168.05

 贷：盈余公积——法定盈余公积金   61 168.05

提取向投资者分配的利润：

借：利润分配——向投资者分配的利润   200 000

 贷：应付股利   200 000

(25) 12 月 31 日

借：利润分配——未分配利润　　　　　　　　　　　　　　　261 168.05

　　贷：利润分配——提取法定盈余公积金　　　　　　　　　　　　61 168.05

　　　　　　——向投资者分配的利润　　　　　　　　　　　　　200 000.00

未分配利润 = 13 000 + 611 680.5 - 61 168.05 - 200 000 = 363 512.45(元)

2. 试算平衡表

试算平衡表如表 9-1 所示。

▼表 9-1 ▼

总分类账户发生额及余额试算平衡表

2016 年 12 月　　　　　　　　　　　　　　　　　　单位:元

会计科目	期初余额		本期发生额		期末余额	
	借方	贷方	借方	贷方	借方	贷方
库存现金	2 000		76 500	75 500	3 000	
银行存款	1 885 000		562 800	581 500	1 866 300	
应收账款	75 000			45 000	30 000	
其他应收款			5 000	5 000		
原材料	80 000		350 000	312 500	117 500	
生产成本	34 000		369 500	369 500	34 000	
制造费用			44 500	44 500		
库存商品	72 000		369 500	243 426	198 074	
固定资产	3 805 000		50 000		3 855 000	
累计折旧		250 000		10 000		260 000
短期借款		30 000	30 000			0
应付职工薪酬			70 000	70 000		
应交税费			59 500	278 693.5		219 193.5
应付股利				200 000		200 000
长期借款		800 000				800 000
实收资本		4 200 000				4 200 000
盈余公积				61 168.05		61 168.05
本年利润		660 000	1 103 000	443 000		
利润分配		13 000	522 336.1	872 848.55		363 512.45
主营业务收入			440 000	440 000		
主营业务成本			243 426	243 426		
营业外收入			3 000	3 000		
销售费用			6 000	6 000		
管理费用			38 000	38 000		
所得税费用			203 893.5	203 893.5		
合　计	5 953 000	5 953 000	4 546 955.6	4 546 955.6	6 103 874	6 103 874

3. 资产负债表

资产负债表如表9-2所示。

▼表9-2▼

资 产 负 债 表

编制单位:东方有限责任公司 2016 年 12 月 31 日 单位:元

资　　产	期末余额	年初余额	负债及所有者权益	期末余额	年初余额
流动资产:			流动负债:		
货币资金	1 869 300	1 887 000	短期借款	0	30 000
应收票据			应付票据		
应收账款	30 000	75 000	应付账款		
应收股利			应付职工薪酬		
其他应收款			应交税费	219 193.5	
存货	349 574	186 000	应付股利	200 000	
流动资产小计	2 248 874	2 148 000	其他应付款		
非流动资产:			流动负债合计	419 193.5	30 000
长期股权投资			非流动负债:		
固定资产	3 595 000	3 555 000	长期借款	800 000	800 000
固定资产清理			应付债券		
无形资产			非流动负债合计	800 000	800 000
长期待摊费用			负债合计	1 219 193.5	830 000
非流动资产小计	3 595 000	3 555 000	所有者权益:		
			实收资本	4 200 000	4 200 000
			资本公积		
			盈余公积	61 168.05	
			未分配利润	363 512.45	673 000
			所有者权益合计	4 624 680.5	4 873 000
资产总计	5 843 874	5 703 000	负债及所有者权益总计	5 843 874	5 703 000

4. 利润表

利润表如表9-3所示。

▼表9-3▼

利 润 表

编制单位:东方有限责任公司 2016 年 12 月 单位:元

项　　目	本期金额	上期金额
一、营业收入	440 000	
减:营业成本	243 426	
税金及附加	0	
销售费用	6 000	

（续表）

项　目	本期金额	上期金额
管理费用	38 000	
财务费用	0	
加：投资收益（损失以"—"号填列）	0	
二、营业利润（亏损以"—"号填列）	152 574	
加：营业外收入	3 000	
减：营业外支出	0	
三、利润总额（亏损总额以"—"号填列）	155 574	
减：所得税费用	38 893.5	
四、净利润（净亏损总额以"—"号填列）	116 680.5	
五、其他综合收益的税后净额		
六、综合收益总额		
七、每股收益		
（一）基本每股收益		
（二）稀释每股收益		

注：1～11月份的利润总额为 660 000 元,所得税费用是 165 000 元,全年的所得税用是 203 893.5 元;全年的净利润时 611 680.5 元。